novum pro

Erwin Palnstorfer

Von Pionieren, Rebellen und Legenden

Bemerkungen zum Obstbau mit besonderem Bezug zum Bundesland Salzburg

novum pro

Bibliografische Information
der Deutschen Nationalbibliothek:

Die Deutsche Nationalbibliothek
verzeichnet diese Publikation in
der Deutschen Nationalbibliografie.
Detaillierte bibliografische Daten
sind im Internet über
http://www.d-nb.de abrufbar.

ISBN 978-3-99048-218-6
Lektorat: Dr. phil. Ursula Schneider
Umschlagfotos: Erwin Palnstorfer
Autorenfoto: Franz Schmiedbauer
Umschlaggestaltung, Layout & Satz:
novum Verlag
Innenabbildungen: Erwin Palnstorfer (10)
Bild Seite 92: Franz Göllner

Gedruckt in der Europäischen Union
auf umweltfreundlichem, chlor- und
säurefrei gebleichtem Papier.

www.novumverlag.com

Inhaltsverzeichnis

gewidmet den Vätern

Auf den Weg

„Griaß eich!“ – „Griaß di!“ – Hias sitzt am Steuer, Sepp sitzt neben ihm. An der Bushaltestelle an der Mattseer Landstraße steige ich in den roten VW-Bus ein. Im rückwärtigen Bereich suche ich mir einen Platz zwischen Arbeitsgeräten und allerlei Material. Es ist 13.15 Uhr, wie wir vereinbart hatten. Auf meine Freunde vom OGV ist Verlass. Freunde, na gut, stimmt so nicht, Freunde ist nicht das passende Wort. Vereinskollegen ist besser. Die Männer und Frauen, die ich in den Ausschusssitzungen des Obst- und Gartenbauvereins Bergheim treffe und mit denen ich etliche Veranstaltungen durchführe, sind Kolleginnen und Kollegen, wir sind Gleichgesinnte mit einem gemeinsamen Interesse. Das Spielfeld der Freundschaften liegt woanders. Das eine, die Vereinskultur, entspricht nicht dem anderen, dem Freundeskreis, und sollte nicht miteinander verwechselt werden. Gegen ein Vermischen wäre nichts einzuwenden. Denn wenn Kollegen Freunde werden, rückt die Welt zusammen.

Wir fahren aus der Busbucht, als hinter uns ein Auto identifiziert wird, das weitere Leute des Vereins mit sich bringt. „Der Franz ist hinter uns“, stellt Hias fest. Franz ist unser Obmann, er hat den Ausflug organisiert. Die Fahrt zum Obstschaugarten vom „Flieger“. An diesem Juli-Sommertag wollen interessierte Mitglieder des Obst- und Gartenbauvereins Bergheim einen im ganzen Land bekannten Obstgarten besichtigen. Manche fahren nicht das erste Mal zu seiner Anlage. Die Apfelbäume des Herrn Flieger sind ein Begriff. Jeder, der sich mit Obstkulturen, speziell dem Apfelanbau, beschäftigt, hat schon mal was vom „Flieger“ gehört.

So war auch ich bereits vor Jahren auf diesen Namen gestoßen. Als mein Interesse an den Obstbäumen erweckt war und kurze Zeit später eine milde Form der Manie erlangt hatte, war ich bei der Suche nach Informationen und Informanten auf einen Apfelzüchter mit großem Schaugarten irgendwo in der Nähe von Obertrum gekommen. Er heiße Flieger, er sei ein alter Mann. Er habe wunderschöne Apfelbäume mit vielen verschiedenen Sorten. Ein geheimnisvoller Ort war in meiner Fantasie entstanden. Und ich machte mich auf den Weg.

Der Name Flieger war mir als Inbegriff für Wissen und Weisheit in einem verheißungsvollen Sachgebiet bekannt geworden. Eine große Faszination ging von der Vorstellung aus, es gäbe einen kleinen Garten Eden, angelegt von einem Mann, der dort zwischen seinen Bäumen wandelt und mit diesen Bäumen lebt und alt geworden war, sie pflegt und gesund erhält und jahrelang ihr Wachsen und Fruchten beobachtete und auf diese Weise ein enormes Wissen sammeln konnte.

Ich befand mich erst am Anfang einer Leidenschaft, die mich zu ergreifen schien. Er, Flieger, war wohl schon an ein Ende angelangt, so meinte ich damals.

Jetzt stehe ich kurz davor, jener Gestalt, die aus meiner Sicht durchaus im Nimbus des Legendenhaften angelangt war, zu begegnen. Seit dem Moment, als Franz uns den Termin für diese Ausflugsfahrt nannte, habe ich mich darauf gefreut. Nun, auf der Rückbank des VW-Busses, bin ich erwartungsvoll aufgeregt.

Die Fahrt Richtung Obertrum verläuft kurzweilig. Jeder gewährt kurze, aktuelle Einblicke in seinen Alltag. Hias, der Breitbauer, weiß von Schlägerungsarbeiten zu berichten, von Rodungen in einem Waldstück auf seinem Grund. Ich frage nach, warum jetzt, in dieser Jahreszeit, Bäume umgeschnitten werden. Wenn's um Bäume geht, horche ich auf und bin wissbegierig. Der Käfer war reingeraten und hatte ein paar Fichten vernichtet. Die wurden entfernt, die kahlen und ein paar alte Fichten dazu, aber dadurch standen plötzlich die Buchen im vollen Sonnenlicht. Hias redet auch gerne über Bäume, das merkt man. Er sei erstaunt, wie rasch die Buchenblätter reagierten. Er mache sich Sorgen, dass die Buchen Schaden nähmen, weil sie so leicht einen Sonnenbrand kriegen. „Sonnenbrand?", frage ich. „Machst du einen Witz?" „Aber na!", lacht Hias. „Richtigen Sonnenbrand. Die Rinde ist so empfindlich. Die geht ab. Der Baum ist kaputt."

Wie wenig Ahnung ich damals noch von Bäumen hatte! Kannte ich mich beim „toten" Holz auch gut aus – ich hatte den Tischlerberuf gelernt und wusste mit der Handelsware, dem Schnittholz, gut umzugehen –, war ich doch ein ziemlicher Laie und bestenfalls Träumer beim lebendigen Holz. Botanisch unbedarft, im Praktischen unerfahren!

Gerade als Sepp ansetzt, von seinen Bienen zu berichten, von der erfolgreichen Honigernte, müssen wir von der Landstraße runter. „Da rein! Da vorne rechts! Hier geht's zur Petermühle. Da hinten geht's rauf zum Flieger!"

Eine schmale Bauernstraße schlängelt sich in weiten Kurven hinauf auf die Anhöhe. Zurückblickend breitet sich ein wunderbares Panorama aus. Fantastisch! Wie die Zähne einer Astsäge reihen sich die spitzen Gipfel der ganzen Osterhorngruppe aneinander. Im Osten springt der Schafberg mit seiner typischen Form ins Auge, davor der Schober, in der Mitte des Blickfeldes dominiert der Gaisberg, zum Greifen nahe, daneben der mächtige Block des Untersberg. Links und rechts vom Hausberg der Stadtinger ragen weitere markante Felsformationen auf, der Göll, die bayrischen Berge, der Watzmann, der Staufen und wie sie alle heißen. Gleich gegenüber von uns erhebt sich der Buchberg, seitlich darunter blitzt der Obertrumer See auf. Ruhig glänzt er bläulich grün. Der Flachgau liegt uns zu Füßen, ein atemberaubend schöner Teil davon.

Die kleine Ansiedlung hier heroben ist ein verschlafenes Nest. Am Ortsrand ein altes, leer stehendes Bauernhaus. Die verwinkelte Straße führt zu einer Lagerhalle, wo wir anhalten. Und siehe da, es kommen noch fünf Autos, die entlang einer übermannshohen Betonwand zu stehen kommen. An die zwanzig Leute stehen in Grüppchen herum, ein Stimmengewirr, suchende Blicke. Wo ist er, der Flieger?

Das Chaos ordnet sich, die Personengruppe formiert sich und richtet sich aus, beginnt, sich in eine Richtung zu bewegen, denn vor dem umzäunten Grundstück, das wild verwachsen scheint, steht jemand. Jetzt schaue ich genauer und nehme zwei Menschen vor einem eisernen Gartentor wahr. Es ist ein Mann und eine Frau. Sie ist größer als er, auch jünger, wie es scheint.

Betagte Leute sind beide. Während sie einen frischen, aufrechten Habitus ausstrahlt, wirkt er gebückt und zurückhaltend, abwartend. Aber es besteht kein Zweifel, das müssen sie sein. Der Flieger und seine Frau.

Mit einer eleganten Geste heißt uns Herr Flieger willkommen und verweist gleichzeitig auf sein Reich, das sich hinter ihm ausbreitet, noch verborgen vor unserer Neugier. Das Stimmengewirr hat sich gelegt, gespannt und erwartungsvoll harren wir der Dinge. Franz, in seiner Funktion als Obmann, löst sich aus der Menge und geht auf das Ehepaar Flieger zu. Herr Flieger seinerseits wendet sich Franz zu. Frau Flieger hält sich bescheiden im Hintergrund, wissend, dass er die Hauptperson in diesem Stück ist.

Im letzten Augenblick besinnt sich Franz auf die gesellschaftliche Konvention, hält plötzlich einen Blumenstrauß in Händen, den er der Gattin mit angedeutetem Kopfneigen überreicht.

Franz und Flieger schütteln sich die Hände. Die üblichen Floskeln werden vorgebracht, mit dem Dank für die Einladung, der Bekundung des großen Interesses und der gesteigerten Erwartungen. Herr Flieger nickt bedächtig und schweigt.

Nachdem Franz seine Ansprache beendet hat, sagt Herr Flieger nur: „Na, dann kumman'S!", und öffnet das Gartentor.

Der metallene Flügel gleitet geräuschlos auf. Herr Flieger geht voran. Der Haufen aus Bergheim folgt. Als Letzte betritt Frau Flieger das enge Rasenstück im Eingangsbereich des dicht verwachsenen Grünlands und schließt das Tor hinter sich.

Ich bin bemüht, dicht an Herrn Flieger dranzubleiben, damit mir nichts entgeht. Ich möchte hören, was der Mann mit dem in Fachkreisen wohlbekannten Namen zu sagen hat.

Und der erst so Wortkarge legt los, sobald er sich auf seinem Territorium befindet. Auf den ersten Schritten beginnt er mit Erklärungen zu den Pflanzungen. Denn hier, wo rechts am Gartentor beginnend auf der Innenseite der Mauer Wein emporrankt, wird bei genauerem Hinsehen deutlich, dass sich der Wein über die gesamte Länge der Mauer ausbreitet. Es sind 14 verschiedene Sorten, die hier angepflanzt wurden, erfahren wir. Die Weinreben werden von einem schmalen, an der Mauerkrone angebrachten Dach geschützt. „Aber die“ – Flieger deutet auf eine Rebe – „muss ich weg tun, die frisst der Mehltau.“

Links steht eine Hütte. Deren fensterlose Holzwand liegt beinahe unsichtbar hinter dem dichten Blattwerk zweier eng stehender Dirndlsträucher. Eine Kiwipflanze ist überdies am Sichtschutz beteiligt. Darüber lugt ein graues, eternitgedecktes Dach hervor. Ein sehr hoher und noch breiterer Rhododendronbusch steht am Wegrand und verdeckt den Blick. Es ist gänzlich unmöglich, vom Eingangsbereich aus eine Sicht auf die Anlage zu haben. Lediglich das helle Blätterdach eines Kirsch- und eines Apfelbaums macht neugierig auf mehr. Der starkastige Nussbaum, dessen ausladende Krone alles überragt und nur dem Wein genug Sonne lässt, macht es auch nicht besser. Nur geradeaus, wie durch einen langen Gang hindurch, kann man schauen und mehr erkennen, nämlich drei dunkle Holzkisten, Bienenbeuten, wie wir später erfahren, auf einem Podest im Schutz einer imposanten Fichte, die den Abschluss bildet. Gleich hinter ihr steht wieder ein Zaun, aus waagrechten Latten, der das Grundstück begrenzt und den Eindruck einer von der Umgebung völlig abgeschlossenen Enklave vervollständigt. Unerwünschte Gäste sind hier ausgeschlossen. Selbst das helle Tageslicht des strahlenden Sommertags findet von Süden her kaum Zugang, die Atmosphäre ist sehr gedämpft, auch das Stimmengewirr ist sehr viel leiser geworden.

Es ist mir, als sei ich an einen verwunschenen Ort gelangt. Eine magische Kraft scheint hier zu wirken und es ist unklar, ob der Zauber, der hier vorherrscht, ein gütiger oder ein neckischer ist. Bin ich im Paradies oder in einem Irrgarten? Wo bin ich angelangt?

Josef Flieger

Josef Flieger ist ein humorvoller Mensch. Er strahlt Lebensfreude aus. Das hohe Alter ist ihm kaum anzumerken. Seine Augen leuchten, wenn er spricht. Auf seinen Stock gestützt nimmt er eine Haltung ein, die ihn aufrecht und energiegeladen erscheinen lässt, obwohl die Jahre seinen Körper beugen. Die Mischung aus Greisentum und Jugendlichkeit verleiht ihm etwas Schalkhaftes, etwas schwer Einzuordnendes. Sogleich ist man gefesselt von dieser Erscheinung.

Josef Flieger kam als Josef Rosenberger im Jahr 1920 in Rumänien zur Welt.

Sein Vater, der aus der Steiermark stammt, hatte den sehr speziellen Beruf eines Remisenbaumeisters. Dieser Beruf verlangte große Flexibilität, denn viele Remisen werden nicht am gleichen Standort erbaut. Hierin lag der Grund für den Aufenthalt in Rumänien, musste sich doch die Familie den beruflichen Gegebenheiten anpassen.

Im elterlichen Garten verbrachte der Bub Josef gerne seine Zeit. Die Forschernatur war schon dem Kleinen gegeben. Der Garten bot ein breites Betätigungsfeld für seine Ambitionen, mit Brennnesseln übte er sich in botanischen Versuchen.

Die Eltern erkannten das Potenzial ihres Sohnes und ließen ihm eine ausgezeichnete Schulbildung zukommen. Das ging nicht ohne die Trennung vom Elternhaus. Josef besuchte Schulen in verschiedenen Ländern, in Frankreich, Deutschland und Österreich und absolvierte eine Ausbildung in der Bekleidungsindustrie.

Im Wehrdienst der deutschen Armee verschlug es ihn in die Ukraine, wo er mit der Pflege einer Obstplantage beauftragt wurde. Die Brennnesselversuche und die ukrainische Obstplantage bildeten eine Grundlage für alle weiteren Ambitionen im Obst- und Gartenbau.

Basale Kenntnisse wurden dem Soldaten Flieger für den Ukraine-Einsatz in der Buckenbergkaserne in Pforzheim (Baden-Württemberg) vermittelt.

Einen weiteren Grundstein legte er 1950 mit dem Besuch eines Baumschnittkurses in Hallein. Hier lernte er den Ingenieur Dreiseitl kennen, der als Mitarbeiter der Landwirtschaftskammer unter den Zuschauern diesem Kurs beiwohnte. Die Begegnung mit Dreiseitl war entscheidend für alles Folgende, was Flieger mit Obst- und Gartenbau verbindet. Es erwuchs eine Freundschaft und erfolgreiche Zusammenarbeit.

Dabei darf keineswegs unerwähnt bleiben, dass Flieger auch im Gartenbau sehr bewandert war. Am Beginn seiner Laufbahn als Kenner und Vermittler der Pflanzenkulturen standen mehrere Ausbildungen. Zur Baumwärterausbildung kamen Weiterbildungen im Gartenbau, die er in Langenlois und Schönbrunn absolvierte. „Wohnen und Gestalten mit Blumen“ war sicherlich kein sehr gängiges Thema in den 50er-Jahren. Flieger war immer an Neuem interessiert. Auch deshalb sieht er sich selber als Pionier.

Er setzte das erworbene Wissen breitenwirksam um, indem er als Beauftragter Salzburger Behörden eine „Ortsverschönerung durch Blumenschmuck“ propagierte. Aus heutiger Sicht meint er, einen Beitrag geleistet zu haben, den Menschen in Notzeiten ein wenig Freude zu geben.

Mit einer starken Interessengemeinschaft im Rücken, der Kammer für Land- und Forstwirtschaft mit ihrem Verband für Obst- und Gartenbau und dessen Vereinsstrukturen, entfalten die beiden, Flieger und Dreiseitl, eine überaus fruchtbare Tätigkeit. Landschaftsgestaltung, Blumenschmuckförderungen, Vortragstätigkeit und natürlich die Praxis des Obstbaus beinhalten ihre Aktivitäten. Für Landesverband und Bildungswerk sind sie im ganzen Bundesland in vielen Gemeinden rege beschäftigt. Auch in der Landesbildungsanstalt Hefterhof haben sie ihre Auftritte. Der Bekanntheitsgrad von Dreiseitl und Flieger ist dementsprechend groß.

Dreiseitl ist als Kämmerer beruflich engagiert, während Flieger seinen Einsatz für den Obst- und Gartenbau neben seinem Erwerbsberuf in der Damenbekleidungsbranche leistet.

Als Fachberater macht sich Flieger, damals noch Rosenberger, auch im Österreichischen Siedlerverband einen Namen. Den Namen Flieger nimmt er nach der Heirat von seiner Frau Helga an. Das Interesse an Obst, Gemüse und Blumen verbindet die Eheleute auf besondere Weise.

Flieger ist ein Mann, der was zu sagen hat, und es besteht kein Zweifel, dass er sich gerne mitteilt. Man muss ihm sein Wissen und die Preisgabe seiner Erfahrungen nicht herauslocken, man merkt, er ist es gewohnt, eine Zuhörerschaft vorzufinden. Schließlich hat er das viele Jahre lang gemacht, es war in seinem Erwerbsleben seine bevorzugte Tätigkeit, vor Publikum zu sprechen. All sein Wissen über seine Leidenschaften, den Obstbau und die Gartengestaltung, gab er ein Leben lang, zumindest mehrere Dekaden seines Lebens, bereitwillig weiter und auch heute noch, wenngleich nicht mehr in Vortagssälen, tut er das gern und mit Eifer.

Flieger hat keine Titel vorzuweisen. Er absolvierte keine akademische Laufbahn, die biografischen Umstände ließen das nicht zu. Den überwiegenden Teil seines Wissens erarbeitete er sich autodidaktisch. Er suchte und nahm sich, was er brauchte. Er war stets ein Suchender, ein Forscher mit dem Wunsch, Antworten zu finden. Was bewegt die Natur? Was bewegt den Menschen? Der Pomologe war immer auch mit philosophischen Fragen beschäftigt.

Der Philosophie übergeordnet ist im Weltbild Fliegers die Religion. Seinem Wirken legt er religiöse Maßstäbe zugrunde und er scheut sich nicht, dies auch zum Ausdruck zu bringen.

Sein fachliches Umfeld reagierte schon früh auf den engagierten Quereinsteiger. An der Seite des Referenten der Landwirtschaftskammer, Ing. Dreiseitl, stieg er rasch empor zum geschätzten Vortragenden, der Anerkennung von höchster Stelle zugesprochen bekam. Ehrenurkunden und Dankesschreiben der Kammer für Land- und Forstwirtschaft hängen im Zuhause des heute über allen Ruhm Erhabenen. „Meine wertvollste Auszeichnung ist meine Frau Helga!“, meint er, verschmitzt lächelnd vor der Wand mit den gerahmten Urkunden stehend, in seiner gebeugten und dennoch frischen Haltung.

Sein Fachwissen ist ja wirklich einzigartig. Zu behaupten, dass ihm niemand das Wasser reichen könne, ist wohl keine Übertreibung. Wer hat denn so viele Jahre an Erfahrung vorzuweisen? Rechnet man nach, kommt man auf über sechzig und gemeint sind die Jahre als bereits Ausgebildeter. Obwohl der Spruch „Man lernt nie aus“ auch heute noch ein Lieblingssatz des Mannes mit dem großen Wissensschatz ist. Mehr als sechzig Jahre der intensiven Beschäftigung mit dem Obstbau, mit allem, was dazugehört, vom Apfel bis zur Zwetschke, das legt den Erfahrungshorizont des Josef Flieger fest. Das macht diesen Mann so unvergleichlich.

Das Fachwissen von Josef Flieger ist deshalb so umfassend, beinhaltet es doch biologische und botanische Kenntnisse gleichermaßen wie praktische Fertigkeiten. Ihn nur als Pomologen einzuordnen, greift zu kurz. Aus unterschiedlichen Wissensgebieten nahm er die Inhalte, die er zu einem Schatz von Fakten und Daten zusammenstellte, dem er seine gesammelten Erfahrungen hinzufügte. Allen hierzulande bekannten Obstarten spürte Flieger nach, sein Forschergeist trieb ihn an. Er wollte immer sehr genau wissen, wie die Natur ihren Reichtum anlegt. Und warum. Und wie der Mensch am besten mit ihren Schätzen umgeht. Der heute gerne verwendete Begriff der Nachhaltigkeit war sicherlich eine Grundlage im Denken Fliegers.

Herr Flieger ist ein bescheidener Mann. Er legt Wert auf die Feststellung, ohne den prägenden Einfluss seines Mentors und Freundes Dreiseitl wäre er nicht zu dem geworden, was er ist. Ingenieur Dreiseitl – sein Name genießt in Fachkreisen einen legendären Ruf – „entdeckte“ den jungen Flieger in einem Baumschnittkurs in Hallein im Jahr 1950. Die beiden fanden zueinander, es sollte eine lange und fruchtbare Zusammenarbeit entstehen.

Wer war Dreiseitl? Wer war der Mann, der zu einer Legende werden sollte?

Ing. Dreiseitl war Landwirtschaftskämmerer. Er hatte eine obst- und gartenbauliche Berufsausbildung und wirkte 45 Jahre lang als Fachreferent für Obstbau, Gartenbau und Pflanzenschutz in der Kammer für Land- und Forstwirtschaft in Salzburg. Dreiseitl fand in Flieger einen eifrigen Schüler, der bald zum kongenialen Partner aufsteigen sollte. Offenbar hatten sich die Richtigen gefunden. Flieger betont, wie sehr er sich seinem verstorbenen Freund verbunden fühlt, heute noch, über den Tod hinaus. „Wir waren Pioniere, wir sind Salzburger Legenden im Obst- und Gartenbau“, gibt der überaus lebendige Teil des einst so eifrigen Duos selbstbewusst wieder.

Er hat recht, sie waren Pioniere in einer Zeit, in der der Wiederaufbau tragendes Element der Gesellschaft war. Die Zerstörungen des Zweiten Weltkriegs waren noch allgegenwärtig. Ein Pionier durfte sich nennen, wer jetzt Neues entdeckte, Altes wiederbelebte und fruchtbringende Entwicklungen anregte.

Dreiseitl und Flieger waren in einer Zeit aktiv, die große Umwälzungen mit sich brachte. Es war die Zeit der Mechanisierung in der Landwirtschaft. Was vom Pferd gezogen wurde, sollte bald vom Traktor bewegt werden. Alte Gerätschaften wurden nutzlos und hatten ausgedient. Manches wurde von Antiquitätenhändlern billigst zusammengekauft, anderes stand einfach herum und war Teil der Landschaft. Maschinen aus Blech und Stahl, mit und ohne Motor, ersetzten die alten, hölzernen und Menschen auch.

Auch die Chemie fand Einzug in die Agrarproduktion. Quantität wurde zum bestimmenden Produktionsziel. Erfolg wurde an der Menge gemessen. Rationelles Arbeiten hieß das Gebot der Stunde. Alles schrie nach Wohlstand. Jetzt gab es Kunden mit gehobenen Ansprüchen, die Nachfrage musste befriedigt werden.

Wer jetzt Bedenken gegen den ungehemmten Einsatz von chemischen Mitteln zur Obst- und Gemüseproduktion äußerte, fiel aus der Reihe und war schon wieder Pionier. „Die Tiroler haben gespritzt, wir sind davon weggekommen“, erinnert sich Flieger. „Das Spritzen hat die Früchte nicht gerade wertvoller gemacht“, betonte Dreiseitl in einem Interview aus Anlass seines 85. Geburtstages im „Salzburger Bauer“.

Es sei „früher viel gesündigt worden, was die Fortpflanzung alter heimischer Sorten und das Behandeln mit Pflanzenschutzmitteln betrifft“, ist in einem anderen Artikel zu erfahren. „Dreiseitl hatte eine Vision: Er wollte den Streuobstbau in Salzburg, der hier eine untergeordnete Rolle aufweist, zu einem Wirtschaftsfaktor machen. Er scheiterte jedoch daran, dass in anderen Bundesländern der Einsatz von Schädlingsbekämpfungsmitteln den Obstbau weiter gebracht hatte als in Salzburg, wo von jeher Chemie abgelehnt wurde." (Der Salzburger Bauer, 14. 10. 2004)

Der Ruf des Legendären leitet sich von dem Umstand ab, dass Dreiseitl so viele Jahre seine Tätigkeit als „Obstbauinspektor" (1952) und später als „Obstbau-Oberinspektor" (1961) ausübte. 35 Jahre Berufstätigkeit, von 1948 bis 1983, noch weitere zwei Jahre als Obmann des Landesverbandes und die Fortsetzung seiner Arbeit rund ums Obst und um den Garten im Ruhestand, als Vortragender, als Kursleiter, als Buchautor und Kolumnenschreiber in Zeitungen, bringen ihm zahlreiche Auszeichnungen und Ehrungen. Sein Tun und Wirken werden als „unermüdlich" hingestellt, sein Fachwissen als „unerschöpflich", seine Verdienste als „beispielgebend". Man spricht und schreibt von einem Durchhaltevermögen, das „unglaublich", von einer Gesundheit, die „eisern" sei, und meint, sein Name sei „unvergesslich" und „weit über die Grenzen unseres Bundeslandes hinaus bekannt".

Anlässe gab es genug, dem „Grand Seigneur de Pomme" eine Hommage zu bezeugen. Durch Überreichungen von Auszeichnungen und Ehrentitel, beim Abschied in den Ruhestand, beim 75. Geburtstag, beim 80. und 85. mit der Enthüllung einer Ehrenvitrine bei der Sortenschau „Pomona miranda" in der Schleedorfer Schauwelt „AgriCultur" und schließlich bei der Beisetzung des zur Legende gewordenen Pioniers.

Die Salzburger Nachrichten, die Salzburger Volkszeitung, der Salzburger Bauer, die Flachgauer Rundschau tragen dazu bei, das Andenken an die „Obstbaulegende" (SN 24.7.2007), den „Gartenfreund" (SVZ 24.7.2007), den „Obstbaupionier" (SB Ausgabe 10/2007) und an „seinen versiertesten Fachmann" (FR September 2007) zu erhalten.

Gleichnamige Zeitungen bescheinigen Dreiseitl nicht nur eine herausragende Bedeutung auf lokaler Ebene. Er sei die „erste Instanz zur Sortenbestimmung bei Obstschauen in Österreich, Deutschland und der Schweiz" (SVZ 7.12.2005). Er sei der „größte Obstbauexperte des deutschsprachigen Raums" (ebendort).

Wie erlangt man einen derartig anerkannten Status? Im Falle des Hellmut Dreiseitl ist mir das nicht klar. Gewiss, auf Landesebene war er unschlagbar, weil ihn die Landwirtschaftskammer mit einer Rolle bedachte, die einzigartig war. Offenbar wurde einer wie Dreiseitl gebraucht. 1948 wurde der junge und – ich getraue mich zu sagen – unerfahrene Absolvent einer gerade mal zweijährigen fachlichen Ausbildung nach Salzburg geholt, um ein Amt zu bekleiden, das man erst neu erfinden musste. Dreiseitl hatte keinen Vorgänger als Gartenbaureferent in Salzburg. Gleichzeitig wurde er zum Geschäftsführer des Landesverbands gemacht. Es ist mir schleierhaft, was man sich von dem 28-Jährigen erwartete, der die meiste Zeit seines Lebens als Erwachsener bisher im Krieg verbracht hatte. Als Qualifizierung vorzuweisen hatte Dreiseitl bei Eintritt in den Landesdienst eine Gymnasiummatura, drei Monate Hochschulstudium (Biologie), ein Jahr Praktikum in einer Gärtnerei (Klagenfurt), den Abschluss der Höheren Bundeslehr- und Versuchsanstalt Klosterneuburg und einen zweimonatigen Fortbildungslehrgang der Niederösterreichischen Landwirtschaftskammer. Vermutlich war der Lehrgang die Eintrittspforte zur Salzburger Landwirtschaftskammer. Zweifelsohne brachte Dreiseitl eine große Begeisterung für die Natur, speziell für den Gartenbau mit. Eine Begeisterung, die er vielleicht von seinem Vater übernommen hatte, der der Direktor einer Landwirtschaftsschule war.

Begeisterung war vielleicht die entscheidende Qualifikation. Man hatte in Salzburg vielleicht auf einen begeisterungsfähigen jungen Mann gewartet, der nach einem verheerenden Krieg, in einer Zeit der Not, einen Wiederaufbau und eine Erneuerung begann, wie man es sich nur erträumen konnte. „Dennoch war viel Aufbauarbeit nötig, da die verwahrlosten Bäume mehr Flechten und Moose als Früchte trugen“, sollte Dreiseitl viele Jahre später sagen.

Unermüdlichkeit und Durchhaltevermögen waren weitere wichtige Eigenschaften des Erneuerers. Er ließ nicht locker in seinem Bemühen, den Bauern den Obstbau wieder näherzubringen. Dem Obstbauoberinspektor wird neidlos zugutegehalten, die Nachkriegsära nachhaltig geprägt zu haben, indem er dem bäuerlichen Streuobstbau und dem Obstbau der Selbstversorger seine ganze Aufmerksamkeit schenkte. Bezeichnend ist die Arbeitsauffassung, die ihm nachgesagt wird. „Dein Schreibtisch steht in den Bauerngärten!“

Er pflegte einen fast schon familiären Umgang mit den Bauernfamilien und es wird ihm großes pädagogisches Geschick zugesprochen. Von dieser Grundlage ausgehend konnte er große Veränderungen bewirken, auch wenn die Umstände und der Trend der Zeit oftmals gegen ihn standen. Sein Scheitern in gewissen Belangen war ein Scheitern auf hohem Niveau, das seiner Popularität keinen Abbruch tat.

War doch der Niedergang des Liebhaberobstbaus in der zweiten Hälfte des vorigen Jahrhunderts unvermeidlich angesichts eines geänderten Konsumverhaltens, eines Wandels der Lebensweisen mit vielen zerstörerischen Auswirkungen, so wurde nichtsdestotrotz dem 85-jährigen Jubilar unter großem Publikumsinteresse und mit Pressepräsenz eine Ehrenvitrine eingerichtet.

Bleibt die Frage, wie der Fachmann zu seinem Fachwissen gekommen war. Aus seiner Biografie geht nicht hervor, wie er zum großen Pomologen wurde. Die derzeit in Tirol laufende Ausbildung zum Pomologen begann im Jahr 2006 und dauert an. Sortenbestimmung ist ein äußerst komplexes Verfahren, das umfangreiche Kenntnisse und Erfahrung braucht. Dreiseitl fehlte bei keiner Obstschau und leistete große Beiträge, inklusive der Sortenbestimmung. Woher stammte sein Wissen? Autodidaktisch erworben?

„Wissen kommt durch Erfahrung“ ist ein Leitspruch Fliegers. Den Stellenwert des Wissens setzt er sehr hoch an. Es seien nicht die Titel, die einen Menschen auszeichnen, es sei das Wissen. In dieser Aussage steckt ein kaum verborgener Seitenhieb gegen Iglhauser, den er als Literat schätzt, aber nicht so sehr als Fachmann.

Seinem Grundsatz treu versuchte Flieger zeitlebens, Wissen zu erlangen. Ein Wissender zu sein, kam seiner Selbstverwirklichung gleich. Dass es ihm dabei nicht um abstraktes, technisches Wissen ging, sondern um ein Wissen, das mit Liebe und Zuneigung verbunden ist, zeichnet den Menschenfreund Flieger aus. Anders wäre es auch nicht erklärbar, dass sein Auftreten so starke Spuren hinterließ. Die interessierte Öffentlichkeit ließ sich von seinem Charisma, das er zweifellos hatte, mitreißen. Seine Botschaft fand Gehör, er war ein gerngesehener Vortragender.

So stand also der Drang, sich Wissen anzueignen, in fruchtbarer Verbindung mit dem Bemühen, das Wissen weiterzugeben. Zum Wohle der Menschheit, um es pathetisch zu formulieren. Es mutet tatsächlich wie eine Mission an, der sich Flieger verschrieben hat. Er will den Menschen den Zugang zu einem Stück Natur öffnen, das es lohnt, sich anzueignen, denn die Natur ist bereit, zu geben. Die Natur gibt, der Mensch nimmt. Das ist in Ordnung. Sie gibt umso mehr, je besser der Mensch sich auf die Natur einstellt. Deshalb muss er Bescheid wissen, er muss die Zusammenhänge kennen, die Gesetze der Natur verstehen. „Wer die Wuchsgesetze nicht versteht, der kann keinen Obstgarten betreuen." So klingt es mit den Worten Fliegers.

Könnten das nicht auch meine Worte sein? Ich frage mich, ob dieser Josef Flieger und ich Ähnlichkeiten haben. Sind wir uns ähnlich in den Ansichten? Wenn ich über ihn schreibe, meine ich dann auch mich? Möchte ich mich gerne selber so sehen, wissend, menschenfreundlich, erfahren und überdies humorvoll? Tatsächlich entstand während meiner Niederschrift über die Person Flieger in mir der Eindruck, ich formuliere meine eigenen Ansichten, teilweise auf jeden Fall. Ich spüre in mir Sympathie für den alten Kerl, mehr noch, wenn ich ehrlich bin, Gleichklang, Respekt und Verbundenheit. Vieles an ihm gefällt mir. Ich bin beeindruckt, wie lebendig ein Mensch mit 95 Jahren sein kann. Was glaubte ich? Einer Mumie zu begegnen? Zugegeben, ich kenne kaum sehr alte Menschen und habe wenig Vergleich. Einzig mein Vater kommt annähernd an dieses Alter heran mit seinen 89 Jahren. Freilich stelle ich mit ihm den Vergleich her. Ziemlich schnell ist das bei mir passiert, wie ich reflektierend gestehen muss. Und schon schließt sich der Kreis: Flieger – Vater – ich. Denn wenn ich mich vorhin fragte, ob bei Flieger und mir Ähnlichkeiten vorlägen, und anschließend bemerkte, dass ich Herrn Flieger mit meinem Vater vergleiche, komme ich wieder einmal zum Dauerbrenner meiner Identitätssuche, die vermutlich nie beendet sein wird. Worin bin ich meinem Vater ähnlich? Was verbindet mich mit ihm? Was haben wir gemein? Nur nebenbei sei hier erwähnt, dass Ablehnung zu berücksichtigen ist. Mit Argwohn betrachte ich die Gemeinsamkeiten, die mich meinem Vater ähnlich machen. Obwohl, man wird gütiger im Alter. Die Lebendigkeit – nur so viel noch – zeichnet beide aus, den Flieger wie meinen Vater, und das fällt mir gar nicht schwer zu akzeptieren.

Im Moment halte ich fest, dass die Ansichten eines Josef Fliegers zum Wachsen und Gedeihen von Obstpflanzen mit meinen eigenen durchaus Übereinstimmungen aufweisen. Wir sind uns einig, dass wir uns nicht Baum*wärter* nennen, weil wir die Obstbäume nicht in Gewahrsam nehmen, um sie am Fortlaufen zu hindern. Vielmehr verstehen wir uns als Baum*warte*, die die Kulturpflanzen hegen und pflegen, um einen Optimalzustand im Obstgarten herzustellen und zu erhalten.

Denn der Obstgarten ist kein Gefängnis, kein Käfig, auch keine Anstalt. Nichts ist freier als die Natur, nichts lässt sich weniger zwingen.

Alles, was schon immer so war, muss noch lange nicht richtig sein. Die Dinge müssen einer aktuellen Betrachtung standhalten können. Wissen prüft. Erfahrung lehrt. Bedürfnisse lenken. Der Wandel ist das Stetige.

Pioniere und Rebellen sorgen für Entwicklungen. Im Einvernehmen mit dem Umfeld, aber auch gegen eine vorherrschende Meinung. Die herrschenden Gedanken sind zumeist die Gedanken der Herrschenden. Aber: Die Gedanken sind frei – um jetzt einen Abschluss für dieses Kapitel, das Josef Flieger gewidmet ist, zu finden.

Baumwärter

Wer einen Obstbaum schneidet, darf sich – so er oder sie Wert darauf legt – Baumwart nennen. Selbstverständlich ist meine Ausdrucksweise auch in der weiblichen Form zu verstehen, allerdings ist mir die gegenderte Bezeichnung – also die Baumwartin – noch nie untergekommen. Das Metier ist eindeutig männlich besetzt. In Ausbildung und Ausübung sind nur ausnahmsweise Frauen anzutreffen. Männer schneiden im Baum, Frauen ziehen Gemüse und Blumen. Das scheint die ungeschriebene Gartenordnung festzulegen.

„Baumwart" ist kein geschützter Begriff, es handelt sich nicht um eine Berufsbezeichnung. Nichtsdestotrotz weiß jeder, der den Begriff kennt, um was es geht, wer gemeint ist. Denn in den einschlägigen Kreisen, das ist der in Vereinen organisierte Obstbau, ist in stiller Übereinkunft geklärt, wie der Fachmann bzw. die Fachfrau zu nennen ist. Niemand hinterfragt den Begriff, er wird von Generation zu Generation weitergegeben, und zwar in der landauf und landab üblichen Form als „Baumwärter".

Die Bezeichnung Baumwärter hält sich hartnäckig, auch wenn zaghafte Bemühungen vorliegen, das „ä" in ein „a" umzuwandeln. Irgendwann einmal eingeführt erscheint es schwierig bis unmöglich, den Begriff wieder zu ändern. Beharrungsvermögen ist ein Wesenszug der Landwirtschaft, Tradition wird großgeschrieben. Innovationen hingegen haftet sehr schnell Rebellentum an. So schnell kannst gar nicht schau'n. Auf die Fragwürdigkeit der Ausdrucksweise, der mit dem „Ä", wurden wir Teilnehmer des „Baumwärterkurses" (so die offizielle Schreibweise) im Jahr 2008 von unserem Ausbilder Andreas Salzlechner hingewiesen. Typisch Andreas – er geht einen eigenen Weg. Er interpretiert die alten Regeln auf seine Art, die nichts verwirft und umstößt, aber in gewisser Weise sehr radikal ist. Was in der darstellenden Kunst die jungen Wilden sind, das verkörpert Andreas im Baum. Kompromisslos schneidet er dort, wo geschnitten werden muss. In sicherer Auslegung der Wuchsgesetze. Der Natur sehr nahe, nur ihr verpflichtet. Er lässt sich in seiner Arbeit auf keine Kompromisse ein.

Auf meiner grünen Arbeitshose, die ich zum Abschluss der Ausbildung vom Landesverband durch Marianne Wartbichler überreicht bekam, steht „Baumwärter", auf den Latz groß draufgestickt. Das Lagerhauslogo darunter habe ich mit einer Applikation übernäht: „simple life".

Als fertige Baumwarte erhielten wir in einem Festakt vom Landwirtschaftskammerpräsidenten das Dekret überreicht, das uns als „Baumwärter" tituliert. Die Kammer für Land- und Forstwirtschaft stellte mir den „Baumwärterausweis" mit der Nummer 224 aus. Nicht dass ich nicht stolz auf diese Anrede sein könnte. Aber, wie gesagt (siehe Kapitel „Josef Flieger"!), richtigerweise ...

„Baumwärter" ist ein wirklich traditioneller Begriff, der dem Selbstverständnis vieler, ja, der allermeisten im Obst- und Gartenbau Tätigen und Engagierten entspricht. Der Ausdruck scheint nicht mehr ganz zeitgemäß zu sein für jemanden, der die Bedeutung des Wortes hinterfragt. Ein Wärter ist ein Aufpasser, die Assoziation zum Gefängniswärter drängt sich auf. Im Kontext des Obst- und Gartenbaus ist diese gedankliche Verknüpfung freilich absurd, jedoch nicht zu leugnen. Wie sonst ist es möglich, dass ein Josef Flieger, ein Andreas Salzlechner und ein Erwin Palnstorfer unabhängig voneinander eine gewisse Aversion gegen diese Benennung aufbauen? Es kann nicht nur aufgrund der Jugend sein, die immer innovativ sein will. Einmal angenommen, Andreas und ich dürften uns zur Jugend zählen. Wohl nur in Bezug auf das Alter von Josef Flieger. Eben, auch der hochbetagte Josef Flieger, der seit über 60 Jahren den Fachkreisen zuzurechnen ist, äußert Vorbehalte gegen jene Bezeichnung.

Ist es das Rebellische, das uns den Baumwärter etwas schief beäugen lässt? Ist es der geheime Wunsch, mit der Tradition zu brechen? Der Wunsch, die Tradition zumindest kritisch zu betrachten? Steckt hinter der Skepsis einem Begriff gegenüber die Skepsis gegenüber allem Überlieferten?

Wer weiß das schon so genau? Aber man darf ja mal laut denken, das muss schon erlaubt sein. Ohne sogleich als Ketzer dazustehen.

Um die Seriosität zu wahren, machte ich mir die Mühe, Nachforschungen anzustellen. Woher kommt der Begriff? Gibt es historische Wurzeln? Wo war der Begriff verbreitet? Was hatte er ursprünglich bedeutet?

Das Internet ist für eine Recherche natürlich sehr praktisch. Was passiert, wenn ich Baumwärter bei Google eingebe?

Gar nicht viel, wenn ich die Bedeutung des Worts ergründen will. Baumwärter wird gleichgesetzt mit Baumschließer. Aha! Das ist ein völlig anderer Zusammenhang, denn ich stehe vor einem Schlagbaum und daneben sitzt in einem Häuschen ein Beamter der k. u. k. Forstverwaltung, der zwei Mal am Tag die Schranke öffnet und wieder schließt, der Baumschließer.

In Meyers Konversationslexikon, dem größten Nachschlagewerk im deutschsprachigen Raum, erscheint der Begriff überhaupt nicht.

Im „Grammatisch-kritischen Wörterbuch der Hochdeutschen Mundart" aus den Jahren 1793 – 1801 werde ich in einem Internet-Zufallstreffer fündig: *Baumwärter, der; an einigen Orten so viel wie ein Holzwärter, an anderen Orten so viel wie ein Förster.*

Fürs Erste ist der Erkenntnisgewinn kein großartiger, aber der elektronische Finder hat sicherlich noch mehr auf Lager. Wie so oft im Leben ist Struktur hilfreich. Als Nächstes grenze ich meine Suche ein und schaue nach, was zu finden ist, wenn ich zwei Schlagworte kombiniere, Baumschnitt und Baumwärter. Da tut sich einiges auf. Ich bekomme eine Menge Vorschläge. Zuoberst stehen Internetadressen aus der Schweiz, wie die Homepage der Stadt Zofingen, baselland.ch und oberland-ost.ch. Das ist sehr interessant, denn ich lande in der Gegend von Oeschberg und erfahre, dass hier der Begriff „Baumwärter" sehr verbreitet ist. Zahlreiche Baumschnittkurse werden angeboten, durchgeführt von „erfahrenen Baumwärtern".

In der Reihenfolge der meist abgefragten Adressen folgt das laendle.at mit www.ogv.at, was Obst- und Gartenkultur Vorarlberg heißt und wo man beim „Fachverband der Baumwärter Vorarlbergs“ willkommen geheißen wird.

Es folgt das gruene-tirol.at und dann das lfi.at, das Landwirtschaftliche Fortbildungsinstitut.

Auffallend ist bei dieser Trefferquote die Präsenz des Westens der Schweiz, Vorarlbergs und Tirols. In diesen Regionen scheint der gesuchte Begriff „Baumwärter“ einem fachlichen Standard zu entsprechen. Das ist doch sehr aussagekräftig.

Nachforschungen in der Geschichte der Baumwärter bringen zutage, dass eben Vorarlberg das erste Bundesland war, das einen Baumwärterverein gründete. 1926 ist das Gründungsjahr. In der Steiermark wird 1933 ein Baumwärterverband eingerichtet. Es dauerte bis 1948, bis der nächste Zusammenschluss von Baumwärtern erfolgte. In diesem Jahr wurde der „Verband der Baumwärter Österreichs“ gegründet. Im gleichen Jahr wurde der „Landesverband der Tiroler Baumwärter“ ins Leben gerufen. Der „Oberösterreichische Baumwärterverband“ folgte 1952 und wieder vier Jahre später, 1956, der „Landesverband der Baumwärter Burgenlands“.

Im selben Jahr wie die Tiroler hatten sich die Salzburger entschlossen, ihren Verein aus der Taufe zu heben. Am 11.1.1948 wurde der „Landesverein der Obstbaumwärter Salzburgs“ gegründet, sein Obmann hieß Adalbert Hufnagel.

Hufnagel, der „Salzburger Baumschnittkönig“, galt als großer Fachmann, der schon damals den Öschbergschnitt praktizierte. Ob er ein ähnliches Image hatte wie der Remstal-Rebell Palmer? Es ist mir nicht bekannt, dass in Salzburg ein „Obstbaumkrieg“ wütete (s. Kapitel 7, Pioniere und Rebellen).

Unterstützt wurde Hufnagel von Ferdinand Baumgartner sen. aus Michaelbeuern. Geschäftsführer des Baumwärtervereins war, wie erwähnt, Ing. Hellmut Dreiseitl.

Hufnagel, Baumgartner, Dreiseitl. Die drei Namen stehen für so was wie ein Goldenes Zeitalter und mit ihnen sind Legenden verknüpft. Der Baumschnittkönig, der Baumwärter und der Verdienstvolle. Diese drei verhalfen dem Obstbau in Salzburg zu einem Aufschwung nach dem Krieg, so viel steht fest. Das Fehlen wirtschaftlicher Interessen, die Umstrukturierung in der Landwirtschaft, der Bauboom und allgemeine gesellschaftliche

Entwicklungen waren die Faktoren des Niedergangs und die waren wesentlich stärker als alle Bemühungen um den naturnahen Obstbau.

Der legendäre Ruf, der diesen Vertretern der Fachleute anhaftet, ist geblieben und wird in Fachkreisen weitergetragen. Ich hoffe, ich kann einen kleinen Teil dazu beitragen.

Der Name Baumgartner ist ein wohlklingender mit großem Bekanntheitsgrad in gegenwärtigen Tagen. Der Obmann des OGV Hallwang organisiert Ausflugsfahrten, die über die Gemeindegrenzen hinaus sehr beliebt sind. Er tritt in zahlreichen Veranstaltungen als energiegeladener und begeisterungsfähiger Fachmann auf, sei es bei Veredelungs- und Schnittkursen, bei Edelreisertauschaktionen oder bei Pflanzenmärkten. Der Hallwanger Verein ist einer der mitgliederstärksten im Land, sicherlich ein Verdienst von Ferdinand Baumgartner, der in die Fußstapfen seines Vaters getreten ist. Schaut man bei seinem Garten vorbei, ist die Handschrift eines Kundigen klar erkennbar: Hochstämme, Halbstämme und Spalierbäume im gepflegten Habitus. Eine Augenweide!

Die Recherche zu den Baumwärtern führte mich ins Landesarchiv in der Michael-Pacher-Straße. Was kann ich dort unter diesem Stichwort finden?

Das Archiv offenbarte mir Dokumente aus der nationalsozialistischen Vergangenheit. Die Nazis hatten der Landwirtschaft große Bedeutung beigemessen, kriegswichtige Bedeutung. So auch dem Obstbau und der Ausbildung zum Obstbaufachmann. Das muss der Grund sein, warum Schriftstücke vorliegen, die die Befähigung zum Baumwart beinhalten. Am 4. Jänner 1940 schreibt das „Landes-Ernährungsamt der Landesbauernschaft Alpenland" die „Durchführungsbestimmungen für die Baumwarteprüfung" in 10 Punkten vor.

Als Zweck der Prüfung wird in Punkt I angegeben, „Der obstbautreibenden Bevölkerung zur Durchführung obstbaulicher Pflegearbeiten geeignete, gut vorgebildete Baumwarte … zur Verfügung stellen zu können."

Zur Prüfung zugelassen werden Personen, die *„den Nachweis erbringen, dass sie mindestens einen fünfwöchigen Baumwartelehrgang an einer Lehranstalt absolviert haben oder eine in Obstbau* *abgelegte gärtnerische Gehilfenprüfung nachweisen können. An diese Ausbildungszeit muss sich in allen Fällen eine mindestens zweijährige praktische Tätigkeit als Baumwart anschließen. Die Prüfungskandidaten müssen eine Empfehlung ihres Ortsbauernführers oder des Obmanns des Gartenbauvereins, sofern ein solcher besteht, beibringen.“*

Ohne „Empfehlung“ eines Parteibonzen geht nichts mehr. „Allgemeiner Eindruck und politisches Wissen“ ist ein gesondert zu bewertendes Einzelgebiet der Prüfung (Punkt VII), neben praktischem Können und allgemeinem und besonderem Wissen, mit den Noten 1 bis 5 (ungenügend) beurteilt.

Und um bei der „Gleichstellung“, der Zwangsanpassung an die NS-Ideologie, ja niemanden durchrutschen zu lassen, müssen *„jene Baumwarte, welche beim ehemaligen Obst- und Gartenbauverein für das Land Salzburg oder beim Landesverband der Gartenbauvereine Vorarlbergs bereits eine Prüfung abgelegt haben, ... die nunmehr vorgeschriebene Prüfung nach den vorliegenden Bestimmungen ebenso ablegen.“*

„Vorarlberg“ zieht im letzten Zitat die Aufmerksamkeit an sich. Bis ins Jahr 1939 muss der Landesverband der Gartenbauvereine Vorarlbergs auch in Salzburg eine gewichtige Rolle gespielt haben, denn sonst fände er in dem angeführten Dokument keine Erwähnung.

Mir fällt weiters auf – aus persönlichen Gründen –, dass im nationalsozialistischen Jargon der Ausdruck „Baumwart“ zur Anwendung gelangt, also die A- und nicht die Ä-Variante.

Als ich das bemerkte, versetzte es mir einen leichten Schlag, ich musste aber gleich schmunzeln. Mein geschätzter Baumwart im hässlichen Nazi-Deutsch! Eine Frechheit!

Die irritierende Entdeckung dieser Unverfrorenheit stimmte mich milder in meinem Urteil. Wenn man sich auch bei der Wärter-Ausdrucksweise auf Traditionen stützt, so sicher auf keine nationalsozialistische. Auf dem Hinweis auf den Gefängniswärter muss ich ja auch nicht unbedingt beharren. Noch versöhnlicher wirkte die nächste Erkenntnis, die ich beim Studium alter Schriften aus dem 18. und 19. Jahrhundert gewann.

1855 erschien Heft 1 der „Pomologischen Monatshefte“, der Veröffentlichungen des Deutschen Pomologenvereins. „Oberinspector Ed. Lucas“ schreibt:

„Alle erfahrenen Förderer des Obstbaus stimmen darin überein, dass die Aufstellung eigener Baumwärter als das wirksamste Mittel zur Hebung der Obstkultur im Großen zu betrachten sei, und wer zu dieser Ueberzeugung noch nicht gelangt wäre, der könnte durch den Zustand des Obstbaus vieler Ortschaften in Württemberg, welche hier in Hohenheim gebildete Baumwärter aufgestellt haben, diese Wahrheit leicht bestätigt finden. Wir verstehen unter solchen Baumwärtern nicht sowohl gelernte Gärtner, als vielmehr junge Männer, die dem Stand der Landleute angehören, sich aber durch Geschick, Fleiß, Sinn für die Natur, und Vorliebe für eine intelligentere Kultur auszeichnen. Es lässt sich durch diese, mit den örtlichen Verhältnissen ihrer Gegend und den Bewohnern derselben genau bekannten Männer, wenn sie durch einen faßlichen Unterricht mit der Natur des Obstbaumes, den Bedingungen zur Erhaltung seiner Lebensthätigkeit und Fruchtbarkeit bekannt gemacht sind, wenn sie ferner die Regeln und Verfahrungsarten die bei der Baumpflege zu beachten sind, sowie diejenigen, nach denen junge Obstbäume kräftig und gesund erzogen werden können, gehörig praktisch erlernt, und sich durch eigene Anschauung wiederholt von dem Vortheil dieser Methoden überzeugt haben, weit mehr und erfolgreicher auf die Hebung und Förderung des Obstbaues auf dem Lande einwirken, als durch Verordnungen, Empfehlungen oder auf irgend eine andere Weise.“

Der berühmte deutsche Pomologe Eduard Lucas gilt als Erster, der die Ausbildung zum Beruf Baumwärter organisierte. In Hohenheim bei Stuttgart hielt er als Institutsgärtner an der 1818 gegründeten „Landwirtschaftlichen Unterrichts-, Versuchs- und Musteranstalt“ bereits spezielle Kurse für Baumwärter und Landwirte ab. Er veröffentlichte 1850 das einschlägige Werk „Der Obstbau auf dem Lande: eine gemeinfaßliche, belehrende Dienstanweisung für Gemeinde-Baumwärter“.

Mit Unterweisungen durch Wanderlehrer und der Einrichtung von Abendschulen in den einzelnen Gemeinden gelang es Lucas, auch auf „einfache Landleute“ Einfluss zu nehmen, da in vielen Gegenden des Landes die Zahl der Baumwärter nicht ausgereicht hätte, um sämtliche Obstbäume pflegen zu können. Die erforderlichen Anweisungen vermittelte er mit entsprechenden Schriften wie „Die Gemeindebaumschule – eine Dienstanweisung für Gemeindebaumschulwärter" – die übrigens auch in Norddeutschland sowie in benachbarten Ländern des Auslands Anwendung fand – oder „Unterhaltungen über den Obstbau" aus der Reihe „Des Landmanns Winterabende".

1860 verlässt Lucas Hohenheim, um in Reutlingen, ebenso in Baden-Württemberg gelegen, die „Höhere Fachschule für Pomologie und Gartenkultur" zu gründen. Mit der Bezeichnung „Pomologisches Institut" war sie der Mittelpunkt der deutschen Pomologiebewegung. Am Pomologischen Institut fand ab Gründung die Baumwärterausbildung statt, der es zu verdanken ist, dass Baden-Württemberg eine herausragende Obstbaukultur entwickelte. Die Tradition wurde beinahe ohne Unterbrechung fortgesetzt bis heute, wobei allein der Kreisverband Reutlingen 25 Obst- und Gartenbauvereine mit über 3000 Mitgliedern vorweist.

Der Landesverband für Obstbau, Garten und Landschaft Baden-Württemberg e.V. (LOGL) ist der Dachverband im Bundesland, der zeitgemäß die Ausbildung zum LOGL-geprüften Obst- und Gartenfachwart anbietet.

Landeseinheitliche Ausbildungsrichtlinien mit dem Ziel der „Förderung des Hobby- und landschaftsprägenden Streuobstbaus und der Gartenkultur und die Unterstützung eines wirksamen Naturschutzes" bilden Spezialisten heran – vergleichbar mit unseren Baumwärtern –, die „als Ansprechpartner für Fragen rund um die Themen Obst, Garten und Landschaft dienen und … so das fachliche Niveau in den Obst- und Gartenbauvereinen erhalten und die Arbeit der Fachberater an den Landratsämtern sinnvoll unterstützen."

Der Lehrgang dauert 100 Stunden, beinhaltet Theorie und Praxis und wird mit einer schriftlichen und mündlichen Prüfung abgeschlossen.

„Es werden Multiplikatoren ausgebildet, die auch Schnittkurse und Vorträge abhalten, von denen die Allgemeinheit profitieren kann. Durch ihre Ausbildung tragen die LOGL-Geprüften Obst- und Gartenfachwarte zum Erhalt der landschaftsprägenden Streuobstwiesen bei."

Hut ab! Da können wir in Salzburg nur neidvoll nicken. Landschaftsprägende Streuobstwiesen müsste man haben! Die Besinnung auf diese Kostbarkeiten würde eine ganz andere Kultur im Obstbau ermöglichen. Und sei es nur aus touristischem Ehrgeiz, wie es etwa Niederösterreich vorzeigt.

Der Baumwart oder der Baumwärter hätte eine andere Reputation, als er derzeit genießt. Sein Bekanntheitsgrad ginge sicherlich über die Obst- und Gartenbauvereine hinaus. Die Organisationsstruktur und die Ausbildung wären vermutlich auf andere Beine gestellt. Denkbar ist ein mitgliederstarker Baumwärterverband, vielleicht sogar so etwas wie eine Berufsgenossenschaft.

Noch einmal zurück zum Kreisverband der Obst- und Gartenbauvereine des Landkreises Reutlingen. Der KOV ist ein Herzeigeverein in den Belangen des Liebhaber-Obstbaus, gut organisiert und modern orientiert. Vergleichbares ist nur in der Schweiz zu finden. Die Vereins-Homepage ist umfassend und sehr anschaulich angelegt und überaus informativ. Daraus zitiere ich einen Abschnitt, der in obigem Zusammenhang steht und noch eine Facette der Ausdrucksweise wiedergibt. Ich hoffe, ich langweile nicht.

„Für den württembergischen Obstbau erwies sich die Einführung der *Baumwärterkurse* durch Lucas als besonders wirkungsvoll. Der *Baumwart*, und damit die Pflege der Obstbäume, wurde ein selbstständiger, staatlich anerkannter Beruf. Damit begründete Lucas eine Tradition, die über die Anstellung von *Oberamtsbaumwärtern* und später von Kreisfachberatern für Obst- und Gartenbau zu einer modernen Grünflächenberatung in unserer Zeit führte."

Die Mehrzahlform ist *Baumwärter*, die Einzahl davon heißt *Baumwart*. So kann man es auch handhaben!

Es gibt Anzeichen dafür, dass der moderne Sprachgebrauch der deutschen Nachbarn sowohl die Bezeichnung *Baumwärter* wie auch *Baumwart* ausklammert und ab sofort den *Fachberater* und *Fachwart* einführt.

Ein Blick in die Schweiz lässt erkennen, dass dort der *Baumwärter* das Sagen hat. So war es in der Vergangenheit, so ist es in der Gegenwart. Der Begriff erfreut sich uneingeschränkter Beliebtheit und ist offenbar Allgemeingut in Obstbaukreisen.

Als ich im Winter 2014/15 – bis zu diesem Zeitpunkt erstreckt sich mittlerweile mein Buchprojekt – eine Aussendung des Landesverbandes der Obst- und Gartenbauvereine erhalte, staune ich nicht schlecht. Es wird wieder die Ausbildung zum Baumwärter angeboten, aber – unglaublich! – als Zertifikatslehrgang für Baumwart/in und Obstbaumpfleger/in. Der offizielle Sprachgebrauch ist topmodern! Aus dem Wärter wurde ein Wart und darüber hinaus ist die Ausdrucksweise gegendert, auch die weibliche Form kommt zum Durchbruch. Meine persönlichen Überlegungen und Denkansätze scheinen obsolet zu sein, Schnee von gestern! Weht ein neuer Wind durch die Gemäuer der Salzburger Landwirtschaftskammer? Geht ein Ruck durch die Tradition? Geschehen Wunder?

Der Baumwart

Die Entscheidung, sich den Titel „Baumwart" umzuhängen, trifft jeder und jede für sich. Der Titel ist nicht geschützt. Er ist keine Berufsbezeichnung. Man darf sich ohne Weiteres so nennen, wie auch Baumschneider oder Baumheiler; Obstbaumdoktor wahrscheinlich auch.

Der problemlose Umgang mit dem Titel bringt aber auch Nachteile mit sich. Denn der Baumwart genießt keinen Berufsschutz und ist nicht berechtigt, ein entsprechendes Gewerbe anzumelden. Er steht auf verlorenem Posten, er hat keinen Berufsverband und keine Innung hinter sich. Und wie das in Österreich so ist, bist du der Behörde ausgeliefert, von ihrem Goodwill abhängig. Das Leben, und gerade das Berufsleben, ist geregelt. Das behördliche Regelwerk erlaubt oder verbietet Schutz für die einen, unüberwindliche Hürde für die anderen.

Wir haben das Kuriosum, dass zwar die Ausbildung zum Baumwart von einer Körperschaft öffentlichen Rechts angeboten wird, mit Dekretverleihung, Ausweiserstellung und Zeremonie, aber mangels Berufsbildes in der Ausübung einem Hobby entspricht. Baumwart sein entspricht einer Liebhaberei. Du darfst dich als Fachmann fühlen, wirst als solcher geschätzt, aber nur zu dem Zweck, dass du Mitgliedern eines Liebhabervereins Ratschläge und praktische Tipps erteilst. Du reitest ein Steckenpferd.

Die Situation spiegelt die Verhältnisse wider. Salzburg frönt einem Liebhaberobstbau. Obstbau ist im Bundesland bestenfalls idealistischer Nebenerwerb, ansonsten mehr oder weniger eine Spinnerei. Marillenmarmelade und einen guten Obstler mag man schon, aber man überlegt sich gut, ob man die viele Arbeit dafür aufwendet.

Dabei gäbe es so viel zu tun für einen Baumwart! In der Landwirtschaft sind die Obstgärten oft überaltert und ungepflegt.

Im Privatbereich fehlt in der Regel das Wissen über Pflanzung, Erziehung und Erhalt der Obstbäume, wenngleich der Wunsch nach einem blühenden und ertragreichen Fruchtbaum, der nicht zu groß wird, ausgeprägt ist.

Die Stellung des Baumwarts in unserem Alltag ist eine stark unterrepräsentierte. Baumwart? Was, wer ist das? Was macht der? Ah, der schneidet Obstbäume! So einen könnte ich auch brauchen, mein Apfelbaum gehört sicher mal geschnitten!

Aber weil man keinen Baumwart kennt, fragt man halt den Opa, der bei den Nachbarn öfters zu Besuch ist und der das angeblich kann. Oder man holt sich ein Buch aus der öffentlichen Bibliothek, kauft eine billige Astschere und versucht es selbst. Kann ja nicht so schwer sein!

Vielleicht hat man die Anzeige des Maschinenrings in den Flachgauer Nachrichten gesehen, vielleicht ist man in der Gärtnerei darauf zu sprechen gekommen. Jedenfalls beschließt man, professionelle Hilfe in Anspruch zu nehmen, weil der Kirschbaum schon zu viel Schatten macht.

Jetzt setze ich mich wahrscheinlich in die Nesseln, aber ich sage, dass die Wahrscheinlichkeit, dass der Obstbaumschnitt durch den Maschinenring oder von einer Gärtnerei fachgerecht ausgeführt wird, nicht sehr hoch ist. Eine gewagte Aussage, ich weiß! Aber ich behaupte, es gehört viel theoretisches Wissen und viel praktische Erfahrung dazu, einen Obstbaum fachgerecht zu schneiden.

Ein Mitarbeiter des Maschinenrings kann ein Spezialist für die Rinderhaltung, für Getreide und Feldfrüchte sein, er versteht es, einen Traktor zu reparieren, und er ist in der Lage, 50 Festmeter Holz zu machen. Aber ist er ein Spezialist für Apfel-, Birnen-, Zwetschken- und Marillenbäume? Oder gar für einen Pfirsich?

Ein Gärtner kennt sich hervorragend aus bei Blumen, Gartenstauden, Ziergehölzen und vielem mehr, was im Garten und im Glashaus gedeiht. Aber kennt er sich aus bei Apfel & Birn? Nur wenn er sich darauf spezialisiert hat, denke ich.

Es braucht die Spezialisierung. Obstbäume sind sehr speziell. Sie sind das Ergebnis jahrtausendealter menschlicher Eingriffe in die Natur. Sie sind ein Kulturgut.

Obstkundige sind Spezialisten. Ich sage das, ohne mir eingebildet vorzukommen. Ich weiß, wovon ich spreche. Seit Jahren beschäftige ich mich mit Obstbäumen, machte die Baumwartausbildung, schneide und schneide, beobachte und studiere. Ich lernte viel und lerne ständig dazu. Der Baum lehrt mich und ich studiere die Fachbücher. Fortbildungen erweitern mein Wissen und Gespräche mit Kollegen und Kolleginnen verschaffen mir neue Einblicke.

Die Obstbaumpflege ist ein umfangreiches Fachgebiet. Pflanzung, Schnitt, Schädlings- und Krankheitsbekämpfung, Düngung, Standort, Sortenwahl, Unterlage, Baumbiologie, Ökologie und Nützlingspflege und und und; es ist so viel zu bedenken und zu berücksichtigen. Es ist nicht damit getan, auf die Leiter zu steigen und zu schneiden.

Ich bleibe dabei: Der moderne Baumwart ist ein Fachmann, der hohe Ansprüche zu erfüllen hat. Ansprüche, die nicht nur die Kundschaft an ihn stellt, denn die ist bald einmal zufrieden, weiß sie doch in der Regel wenig über die Kunst eines fachgerechten Schnitts. Apropos Kunst: Im 18. Jahrhundert galten die „Baumschneider" als Künstler. Obstbäume zu gestalten und zu formen, war eine Kunst, die für das Entzücken der Privilegierten, der adeligen Schloss- und Hofgartenbesitzer, ausgeübt wurde.

Heutzutage sind es nicht die Fächer und Bögen, die Palmetten und Kordone, die Schnurbäume und Zwergpyramiden, die beeindrucken sollen. Der Obstbaumbesitzer und die Obstbaumbesitzerin freuen sich über die Blütenpracht und ein paar Früchte, nicht zu viele, weil man weiß eh nicht, wohin damit. Zu groß darf er nicht sein, der Baum, das mag man nicht. Nicht so viel Schatten und nicht so viel Laub, das am Rasen liegt. Also wird der arme Baum „zusammengeschnitten". Schon ist die Kundschaft zufrieden, denn jetzt ist wieder Licht im Garten, es schaut gleich sauber aus, und sie bezahlt dafür, dass für üppiges Wachstum gesorgt wurde, das nächstes Jahr den gleichen Baum in die Höhe schießen lässt und ihn zu einem Besen macht.

Schlimmstenfalls geht das Theater in gleicher Weise weiter: Nächstes Jahr wird wieder auf Teufel komm raus geschnitten. Wurde das Unheil von Professionisten angerichtet, von Mitarbeitern eines Gärtner-Fachbetriebs oder des Maschinenrings – ich mache mir sicher keine Freunde mit diesen Unterstellungen –, man könnte überlegen, Schadenersatzforderungen zu stellen. Ein heikles und wahrscheinlich aussichtsloses Bemühen.

Hatte der Nachbar der entfernt Verwandten seine Hände im Spiel, wird man die Folgen der Schnittmaßnahme wohl als Laune der Natur hinnehmen. Kaum jemand ist in der Lage, sachlich zu argumentieren, das Geschehen zu hinterfragen und die Richtigkeit bzw. Fragwürdigkeit des Eingriffs zu beurteilen.

Nur wenige werden in der glücklichen Lage sein, einen Experten in ihrem Freundeskreis zu haben oder jemanden zu kennen, der jemanden kennt, der vielleicht mehr darüber weiß.

Vielleicht erinnert man sich, in der Gemeindezeitung etwas vom Obst- und Gartenbauverein gelesen zu haben, und versucht, dort Rat einzuholen.

Schließlich tritt man in Kontakt mit einem Baumwart und ist hocherfreut, endlich auf Kompetenz zu stoßen. Das Urteil des Experten bringt Ernüchterung mit sich: Rodung des Baums, der als kräftiger Hochstamm immer fehl am Platz sein wird, und Neupflanzung eines im Wuchs dem Standort angepassten Baums oder Erhaltung und Sanierung in einem dreijährigen Prozess, eine aufwendige Arbeit, die behutsam und fachgerecht durchzuführen ist.

Nicht nur Obstbäume müssen die Tortur eines radikalen Rückschnitts über sich ergehen lassen. Noch viel öfter sind es die Straßen- und Siedlungsbäume, die malträtiert werden. Wer kennt es nicht, das Bild eines mächtigen Einzelbaums, der seine amputierten Gliedmaßen in die Höhe reckt. Oder das Bild einer Allee entlang der Straße, ein Baum nach dem anderen grässlich verstümmelt. Im Tierreich kommt die Strategie Flüchten oder Standhalten gegenüber einem Aggressor zur Anwendung. Bäume haben keine Alternative zum Standhalten. Sie entwickelten innere Mechanismen, um mit einem Angriff auf ihr Leben und ihre Gesundheit fertig zu werden. Das gelingt ihnen bei den üblichen Belastungen vortrefflich. Aber der Mensch ist ihnen oftmals zu aggressiv, er überfordert sie in ihrem Abwehrverhalten. Gegen motorbetriebene Kettensägen, die des Baums

Organe kappen und ihm übergroße Wunden zufügen, gegen einen Bagger, der ihm sein Wurzelgeflecht wegreißt und ihn verhungern und verdursten lässt, gegen einen Lkw, der seinen Lebensraum zuschüttet und ihm die Luft zum Atmen nimmt, dagegen kann er sich nicht zur Wehr setzen.

Bäumen wird die Eigenschaft angedichtet, hart im Nehmen zu sein. Die Poeten singen Loblieder auf die Kraft dieser Geschöpfe. Diese Hymnen haben sich in unserem Bewusstsein verankert. Bäume sind stark, Bäume werden alt, Bäume sind Helden und Überlebenskünstler. Das ist wahr und es ist schön, dass es so ist. Aber das heißt nicht, dass ein Baum unverwundbar ist, dass man alles mit ihm machen kann, dass er alles aushält und immer wieder regeneriert. Irrtum!

Jenseits der Poesie, die ja nicht gerade das bestimmende Merkmal der Zivilisation ist, ist der Baum ein Nutzungsobjekt. Seine spirituelle Bedeutung ging im Lauf der Menschheitsgeschichte weitgehend verloren. Der Baum ist seit Langem, heute mehr denn je, Mittel zum Zweck. Bauwirtschaft, Industrie und Handwerk – überall wird der Rohstoff Holz eingesetzt. Und die Forstwirtschaft liefert diesen Rohstoff. Der Wald ist ein Forst, der so und so viel Vorratsfestmeter Holz stehen hat, am besten im hiebfähigen Alter, dann ist er am meisten wert.

Der Erwerbsobstbau hat den Obstbaum zur Massenware gemacht. In Dichtpflanzungen stehen individuell nicht unterscheidbare Fruchtlieferanten, in Wachstum und Fruchtentwicklung den Erfordernissen des rationellen Wirtschaftens unterworfen.

Der Waldbaum und der Obstbaum sind in der heutigen Gesellschaft primär Wirtschaftsgüter. Als solche unterliegen sie den Gesetzen der Rationalität. Sie sind zweckgebunden. Ihre Daseinsberechtigung ist die Vermarktbarkeit und die Gewinnerzielung.

Alles andere ist Liebhaberei und weniger wichtig. Man ist schon ein rechter Sonderling, wenn man die Bedeutung der Liebhaberei auf die gleiche Stufe wie das Dogma der Zweckorientierung stellt. „Was bringt das?“, ist normalerweise die erste Frage. Aber was ist schon normal?

Die Degradierung des Baums erfolgte im Abendland in einer Entwicklung, die Jahrhunderte dauerte und aus einem Mythenwesen ein Objekt der Begierde unterschiedlicher Ausrichtung machte. Ein Tiefpunkt ist in dieser Entwicklung erreicht, wenn ein Baum als amputierter Koloss dasteht, beraubt jeglicher Würde, dem Untergang geweiht.

Auch Obstbäumen widerfährt ein ähnliches Schicksal. Schicksalsgott spielt der Mensch, der Starkäste entnimmt und hässliche Stummel hinterlässt, der die Krone so radikal einkürzt, dass der arme Obstbaum sein Notprogramm fahren muss und Wasserreiser in die Höhe schießen lässt, oder der den Rasenmäher mehrmals gegen den Stamm lenkt. Unwissen und Unachtsamkeit machen dem pflegebedürftigen Kulturgut Obstbaum das Leben schwer.

Das Streben des Menschen, alles nach seinen Vorstellungen zu ordnen und die Rohstoffe der Natur in seinen Nutzungsplan einzugliedern, schuf in unserem Erwerbsleben eine Vielzahl von Berufen, die auf den Umgang mit Bäumen abzielen: der Förster, der Landschaftsarchitekt, der Stadtgärtner, der Baumschuler, der Obstbauer und manch andere.

Aus der rationalen Einstellung zu Bäumen heraus entstand im Laufe der Zeit ein neuer Wirtschaftszweig, die kommerziell praktizierte Baumpflege. Die meisten Verfahren kamen ursprünglich von den Gärtnern der königlichen Parkanlagen. Baumpflege war zunächst einmal eine Luxusangelegenheit. Den Aspekt der Gesundheit und der Wohlfahrt hat sich die bürgerliche Gesellschaft bewahrt und glücklicherweise bis in die Gegenwart erhalten.

Der Baum ist eine Ware, die produziert wird, auf den Markt kommt, im Forstbetrieb, in der Obstzüchtung, in Baumschulen weiterverarbeitet oder vom Endverbraucher käuflich erworben wird, als Stadtbaum, als landschaftsgestaltendes Element, als Zier- oder Obstbaum im privaten Garten. Seiner Bestimmung zugeführt erfährt der Baum eine dem Zweck angepasste Behandlung und braucht ein Mindestmaß an Pflege.

Der Waldbaum ist ein pflegeaufwendiges Geschöpf, man glaubt das kaum. Dort, wo keine Naturverjüngung stattfindet, muss künstlich gepflanzt werden. Die Jungbäume werden jahrelang umhegt. Sie werden von wuchernden Konkurrenten freigeschnitten und vor dem Rehverbiss geschützt. Laubbäume erhalten einen Fegeschutz gegen den Rehbock und sehr früh die ersten Schnittkorrekturen. Ein Jungbaumbestand wird „geläutert" und erhält die Dickungspflege. Jeder einzelne, besonders wertvolle Baum wird der Prozedur der „Wertastung" unterzogen. Bis zum hiebreifen Alter erfolgt mindestens zwei Mal eine Durchforstung.

Der Obstbaum in der Plantage wird ständig sehr gewissenhaft umsorgt, man weiß das. Er ist ein hochgezüchtetes, empfindliches Wesen, das ohne die großen Anstrengungen des Obstbaupersonals nicht die erwartete Leistung erbringt.

Die Bäume des öffentlichen und privaten Grüns kommen in der Regel auch nicht ohne Pflegemaßnahmen aus.

Stadtbäume müssen den Bestimmungen der Verkehrssicherheit entsprechen. Das Lichtraumprofil, der Abstand vom Weg oder der Straße zu den untersten Ästen, muss passen und von Bruch- oder Totästen darf keine Gefahr ausgehen. Eine Kroneneinkürzung oder -sicherung kann erforderlich sein.

Ziergehölze brauchen ebenfalls Gestaltung und verlangen Aufmerksamkeit, um den Wünschen und Anforderungen der Besitzer gerecht zu werden.

Obstbäume, ganz klar, verdienen ohnehin unsere Zuwendung, damit sie das darstellen, wozu sie in der Lage sind.

Um aus ihnen, den Obstgehölzen, das Optimum herauszuholen, braucht es, wie ich mich bemühe zu erläutern, den Experten.

Der Baumwart soll diese Expertenrolle bekleiden. Er ist der Spezialist, der aufgrund seiner profunden Ausbildung das Zeug hat, dem Obstbaum die Behandlung zukommen zu lassen, die sein Wachsen und Gedeihen optimal gewährleistet.

Wie schafft es der Baumwart, diesen hohen Ansprüchen zu genügen? Meiner Meinung nach mit einer sehr umfassenden Ausbildung. Der Baumwartlehrgang, wie ihn der Landesverband Obst/Gartenbau der Kammer für Land- und Forstwirtschaft Salzburg anbietet, ist auf alle Fälle eine gute Grundlage. Der Absolvent mit dem „Baumwärterausweis" hat die „Baumwärterprüfung mit Erfolg abgelegt und ist befähigt, selbstständig Baumpflegearbeiten durchzuführen". So wird es ihm bescheinigt.

Man merke: Von „Baumpflegearbeiten“ ist die Rede! Und genau das ist mein Ansatz: die Baumpflege. Der Obstbaum ist zwar das Ergebnis intensiver menschlicher Bemühungen, der Natur ein delikates Produkt abzuringen, aber er ist immer noch Baum, so wie Buche, Fichte und Urweltmammutbaum. So wie die Katze die kuschelige Ausgabe der Wildkatze ist, der Hund der partnerschaftliche Kollege des Wolfs, das Rind die Nutzungsvariante des Auerochsen, so ist der Gravensteiner der domestizierte Wildapfel. Tiere die einen, Pflanzen die anderen, Bäume im Besonderen.

Die Baumpflege im Allgemeinen ist das Thema des Baumwarts, um die Obstbaumpflege im Speziellen zu betreiben.

Am Beispiel des fachgerechten Baumschnitts möchte ich diese These verdeutlichen.

Baumschnitt ist viel mehr als das Wegschneiden eines Triebs im Baum. Der Baumwart hat gelernt, dass es Wegschneiden, Einkürzen, Ableiten und Absetzen gibt. Er weiß Bescheid über Schnittzeitpunkt und Schnittintensität. Er kennt sich aus, was Pflanzschnitt, Erziehungsschnitt und Verjüngungsschnitt ist. Er kennt die Sinnhaftigkeit des Winterschnitts und die Vorteile des Sommerschnitts.

Aber schon bei der Wundbehandlung geht es los. Wundverschlussmittel – ja oder nein? Wenn ja: welches und wie? Hat es sich bis zum Baumwart herumgesprochen, dass Wundverschlussmittel in der Regel nicht mehr Stand der Technik sind?

Was weiß der Baumwart über die exakte Schnittführung? Schneiden auf Astring und Schneiden entlang der Rindenleiste?

Was weiß der Baumwart über die Selbstheilungsmechanismen des Baums? Was weiß er über die Kompartimentierung, die Fähigkeit der Abschottung?

Was weiß der Baumwart über den richtigen Schnittzeitpunkt?

Alles Fragen, die ein Baumpfleger eindeutig beantworten können sollte!

Manches ist aber nicht eindeutig zu beantworten und deshalb Thema kontroversieller Auseinandersetzungen zwischen Fachleuten. Die Forschung in der Dendrologie, der Wissenschaft von den Bäumen, hat streckenweise großen Nachholbedarf. In der Praxis prallen oftmals Meinungen aufeinander. Angeblich werden Baumwarte hier und dort aus den Streuobstwiesen hinaus komplimentiert, weil ihrer Ansicht zur Pflege der alten, großkronigen Obstbäume mit Skepsis begegnet wird. Die Verjüngung, zum Beispiel, von sehr alten Obstgehölzen nach ihren Vorstellungen ist ein Sakrileg, das ein fachlich geschulter Arborist, der „Akademiker“ unter den Baumpflegern, so nicht hinnehmen kann. Verjüngung ist ein massiver Eingriff, der die Baumgestalt nachhaltig verändert. Das neu gebildete Holz hat nicht die gleiche Güte wie das alte, ursprüngliche Holz. Die Versorgung der Wurzeln mit den baumeigenen Nährstoffen wird unterbrochen oder gemindert. Wenn auch der Ertrag kurzfristig erhöht werden kann, sinkt die Vitalität und die Lebenserwartung. Es ist die Frage, was man in der Streuobstwiese für wichtiger erachtet.

Wissenschaftler stellten schon zu Beginn der 90er-Jahre des vorigen Jahrhunderts fest, dass Wundverschlussmittel eher schaden als helfen, schon gar nicht heilen. Sie schaffen beste Bedingungen für Fäulnis, wenn sie die Oberfläche abdecken und darunter ein für Bakterien und Pilze günstiges Milieu herstellen. Einzig der Baum selber ist in der Lage, sich gegen eindringende Keime zu schützen, indem er das verletzte Gewebe durch Umwandlungsprozesse abschottet. Der US-amerikanische Forscher Alex Shigo führte den Begriff der Kompartimentierung ein. Es gibt gute und schlechte Kompartimentierer unter den Bäumen. Die Obstbäume gehören leider zu den schlechten. Umso wichtiger ist es, den richtigen Schnittzeitpunkt für den Obstbaumschnitt zu wählen, um den Selbstschutz des Baumes nicht zusätzlich zu schwächen.

Die Schnittführung ist ganz entscheidend dafür, den Baum zu unterstützen. Es ist bekannt in Fachkreisen, dass der Wundbereich im Saftstrom sein muss. Aber ist der Begriff „Astkragen“ geläufig und weiß man, dass man diesen keinesfalls verletzen darf?

Weiß man, dass stammparallele Schnitte die gänzliche Überwallung verunmöglichen?

Weiß man, dass Wunden – jeder Schnitt ist eine Wunde! –, im Herbst nach dem Blattfall dem Gehölz zugefügt, bis ins nächste Frühjahr offen bleiben?

Mein Wissen, das ich im Baumwartlehrgang erlangte, ergänzte ich durch Weiterbildung an der Münchner Baumkletterschule. Ich belegte Kurse über Baumschnitt und Baumpflege, die in Deutschland für die Ausbildung zum zertifizierten Baumkontrolleur erforderlich sind. Dort erlernte ich auch die Seilklettertechnik, die mir ein sicheres Arbeiten im Baum möglich macht, ohne der Verwendung einer Leiter, die eins der gefährlichsten Hilfsmittel darstellt.

Es gibt eine Unmenge Fachliteratur und es lohnt sich, im Selbststudium seinen Horizont zu erweitern. Überaus wertvoll erscheinen mir die „Baumwärterstammtische". Das ist eine Einrichtung des Landesverbandes, die in Monatsabständen abgehalten wird und der Fortbildung und dem Erfahrungsaustausch der zertifizierten Baumwärter dient. Die treibenden Kräfte Marianne Wartbichler und Andreas Salzlechner halten damit die kleine Szene der Fachleute lebendig und fördern den Obstbau im Lande ungemein. Dieser Aufgabe, der Förderung des Obstbaus, kommen auch die Obst- und Gartenbauvereine nach, indem sie ein Vereinsleben mit entsprechenden Angeboten hochhalten. Schnittkurse werden überall abgehalten, diese sind sehr beliebt, und es schadet überhaupt nicht, wenn man als ausgebildeter Baumwart einem Kollegen zuhört. Man erfährt sicher wieder etwas Neues oder überdenkt eigene Ansichten. Auch ein Baumwart lernt nie aus! Zu komplex ist die Angelegenheit. Und außerdem: Würde der gleiche Baum von mehreren Baumwärtern geschnitten werden, sähe er jedes Mal anders aus.

Die Neugestaltung des ländlichen Obstgartens

Das Arbeitsethos des Josef Flieger leitet sich aus einer zutiefst moralischen Haltung ab. Alles Tun ist nichts, wenn es nicht von einem großen Gefühl getragen wird. Er zitiert das überlieferte Vermächtnis eines Pflanzenfreundes des beginnenden 18. Jahrhunderts als „Fürnehmliche Erinnerung", in der es heißt, „dass es unmöglich ist, gute Pflanzen und gehörige Bäume zu haben, wo man dieselben nicht liebte. Denn es ist nicht allein die Gültigkeit der Erde noch die Mannigfaltigkeit des Mistes noch die vorteilhafte Gelegenheit des Ortes, welche die Bäume wohl wachsen machet: sondern die Liebe und Zuneigung des Meisters, die sie schön, lebhaftig und stark machet."

Dieses Bekenntnis ist die Einleitung zu einem Skript, das die Grundlage seiner Vorträge war, welche er über viele Jahre seiner aktiven Laufbahn einem interessierten Publikum darbot.

Flieger führt „sieben wichtige Punkte für die Neugestaltung des ländlichen Obstgartens" an, auf die ich im Folgenden näher eingehen werde.

In diese sieben Punkte packt er sein Wissen und seine Überzeugung und legt der geneigten Zuhörerschaft vor, worauf es seiner Meinung nach ankommt.

Punkt 1 stellt sofort klar, dass hier ein Pionier spricht. Weg mit dem Alten, das nichts bringt, und her mit neuen, besseren Produkten! Rechtzeitig für Ersatz sorgen!

„Viele unserer ländlichen Obstgärten sind überaltert und obstbaummüde. Hier immer wieder nachzupflanzen, bringt wenig Erfolg. Deshalb: alte Obstgärten ‚abmelken' und als Ersatz rechtzeitig neue, zeitgemäße Gärten anlegen."

Fliegers Ausführungen beziehen sich auf den Streuobstbau, nicht auf den Hausgarten. Das Dorf und die ländlichen Strukturen waren das Wirkfeld, das Flieger pflügte und bearbeitete. Zu der Zeit, als er seine Vortragstätigkeit begann, war man von einer bürgerlichen Häuslichkeit mit sauberem Garten, wie wir ihn heute kennen, noch weit entfernt. Der Obstbau spielte sich im dörflichen und außerstädtischen Bereich ab und war in agrarischen Grundzügen organisiert.

Wie man vorgeht, die Neugestaltung durchzuführen, erläutert er in den Punkten 2 bis 7.

Die sorgfältige Auswahl des Geländes ist das Erste, was zu beachten ist, denn „eine gute, vor allem frost- und windgeschützte Lage ist eine der wichtigsten Voraussetzungen für regelmäßige Ernten". Er warnt vor einem „Frostloch" und dem damit einhergehenden häufigen Blütenfrost, der unregelmäßige Ernten zur Folge hat. Stattdessen schlägt er eine leichte Hanglage vor, optimal mit Windschutz durch Pappelpflanzungen oder Ähnlichem, möglichst in Hofnähe auf „jungfräulichem und nicht zu schwerem Boden, weder mit stauender Nässe noch in ausgesprochenen Trockenlagen".

„Nur bestes Pflanzmaterial verwenden!", gibt Flieger vor, denn „jeder Bauer weiß: Eine gute Kuh kostet mehr als eine schlechte. Der kluge Bauer kauft – ohne zu überlegen – die wertvolle, teurere Kuh, denn er bedenkt, dass sich der höhere Preis durch die bessere Leistung vielfach bezahlt macht. Das Gleiche sollte beim Einkauf von Obstbäumen gelten. Der beste Baum ist gerade gut genug – gemessen an der späteren Leistung der billigste."

Er fordert „genügend Raum für jeden Baum", damit sich jeder Baum entfalten kann. Das Platzangebot muss dem Baum ermöglichen, in die Breite zu gehen und nicht in Konkurrenz um das Licht in die Höhe zu wachsen. Er weist auf die Unwirtschaftlichkeit hin, wenn ein erhöhter Aufwand, durch Schnitt, Düngung, Krankheits- und Schädlingsbekämpfung, Verwendung langer Leitern, die Pflege und die Ernte ungünstig beeinflussen. Während allzu große Baumabstände Landvergeudung bedeuteten und weder für die Bewirtschaftung der Obstkultur noch für die Entwicklung der Obstbäume von Vorteil seien. Die einzuhaltende Pflanzweite gibt er mit „9 m von Baum zu Baum mit einem Abstand in der Reihe von 12 m" an.

Übersichtlichkeit und Einheitlichkeit sind die nächsten Gebote. Keine Mischpflanzungen, sondern Trennung von Kern-, Stein- und Beerenobst, schön in Reihen angeordnet, aus Gründen der Bodenpflege und des Pflanzenschutzes. Das rationelle Arbeiten ist ein ganz entscheidender Faktor seiner Lehre. Flieger will die Vorteile herausstreichen, die die Modernisierung bietet. Eine wohldurchdachte Planung und die Umsetzung von wenigen, aber entscheidenden Grundbedingungen soll einfaches und damit wirtschaftliches Arbeiten möglich machen, vorteilhaft für die Pflanze und vorteilhaft für den Menschen.

Die „Richtige Wahl der Obstsorten" hält sich an zwei Grundsätze:

- erstens: „Sicherstellung der laufenden Versorgung des Haushaltes während des ganzen Jahres und für alle Zwecke" und
- zweitens: „Anpassung an die Standortbedingungen und an die Pflegemöglichkeiten".

Mit dem Hinweis „Sortenempfehlungen für die jeweiligen Standortverhältnisse erteilen die Obstbau-Fachberater" bringt er sich und seinen Freund Dreiseitl ins Spiel. Denn eines ist gewiss: Die Suche nach den passenden Sorten war diesen beiden seit jeher ein sehr großes Anliegen. In seinem Versuchsgarten forschte Flieger viele Jahre lang nach den dem Standort Flachgau bestens angepassten Apfelsorten.

Als Beispiel nennt er in seinem Manuskript die Sorte Cox Orange, die nur „bei besten Standort- und Pflegebedingungen" angebaut werden soll. Boden, Klima und Lage müssen stimmen und man muss bereit sein, die Zeit für einen intensiven Pflanzenschutz aufzubringen. Für raue Lagen oder „wo nicht regelmäßig gespritzt werden kann" nimmt man „in Holz und Blüte frostharte oder schorfwiderstandsfähige Sorten".

Im letzten Punkt geht er auf die „Wahl der geeigneten Baumform" ein. Hochstämme seien „nur noch ausnahmsweise zu verwenden, z. B. in ausgesprochenen Schneelagen". Stattdessen empfiehlt er die „Halb- und Viertelstämme. Ihre Vorteile gegenüber dem Hochstamm sind schnelleres und kräftigeres Wachstum, erhöhte Standfestigkeit, leichtere Pflege und Ernte."

„Büsche und Spindelbüsche auf schwach wachsenden Unterlagen verlangen beste Standort- und Pflegebedingungen, sonst versagen sie erfahrungsgemäß.“

Die Abkehr vom Hochstamm ist natürlich eine Absage an die Streuobstwiese als Biotop und landschaftsprägende Flurform. Flieger lag nicht im Sinn, der Landschaft ein Antlitz zu geben, das heutigen Umweltschützern das Herz höher schlagen lässt. Rationalisierung und Strukturierung, die aus dem Mangel einen Überschuss machen sollen, sind nicht die Parameter, die einen Lebensraum der Vielfalt und der Nachhaltigkeit schaffen und sichern.

Die sieben Punkte sind der Kern seines Vortrags, den er auf Overheadfolien präsentierte, für jeden Punkt eine. Diese Technik entspricht natürlich nicht mehr den heutigen Möglichkeiten, war aber seinerzeit absoluter Standard bei Vorträgen vor einem größeren Publikum. Älteren Lesern und Leserinnen muss man das nicht erläutern, junge Menschen wissen aber vielleicht nicht, wovon ich spreche. Der Ausdruck Folie, als Softwareprodukt, kommt auch heute noch zur Anwendung, nicht aber die Overheadfolie. Die Folie ist virtuell geworden. Es ist eben viel Zeit vergangen und es wird augenscheinlich, was Bestand hat und was nicht mehr zeitgemäß ist. Inhalt und Präsentationstechnik sind zwei Paar Schuhe, das eine muss vom anderen getrennt gesehen werden, das ist ja klar. Inhaltlich ist Flieger top, wenngleich die Prüfung auf Fortbestand der Gültigkeit zulässig sein muss.

Standortfaktoren sind heute wie früher von gleicher Wichtigkeit und deren Eigenschaften sind ident. Wäre allerhöchstens anzumerken, dass eine Klimaveränderung, sprich: die zunehmende Erderwärmung, bereits bemerkbar ist und die Standortbedingungen ändern.

Bestes Pflanzmaterial zu verwenden ist eine Einstellung, die zweifelsfrei ihre Berechtigung hat. Die Züchtungserfolge der letzten Jahre kommen den Kundenwünschen sehr entgegen. Mit wenig Aufwand sollen beste Ergebnisse erzielt werden. Der Handel preist seine Produkte vielversprechend an und fast scheint es so, als ob der Kampf gegen Krankheiten der Vergangenheit angehöre. Resistenzen gegen Viren und andere pathogene Einflüsse sind eine Selbstverständlichkeit, der glückliche Gärtner will die Früchte genießen, die nicht unbedingt die Früchte seiner Arbeit sind.

Der Kunde kauft auch dann eine Cox Orange, wenn er den Pflegeaufwand nicht leisten will. Sein Produkt sei ohnehin schorfresistent, glaubt er zu wissen.

Auch die von Flieger geäußerten Bedenken gegen den Buschbaum und den Spindelbusch werden durch züchterisch verändertes Material widerlegt. Gerade der Erwerbsobstbau brachte hier große Fortschritte, die auch dem Liebhaberobstbau und dem Anbau zur Eigenversorgung zugutekommen.

Bedauerlicherweise wurde die Alleskönnersorte noch nicht gezüchtet. Es ist so eine Sache mit den Resistenzen. Denn die geglückte Abwehr des einen Angreifers scheint eine neue Verwundbarkeit gegenüber der nächsten Bedrohung zu bringen. Wenn der eine Stamm des Erregers besiegt ist, tritt ein anderer in Aktion. Wirklich resistent gegen Krankheiten kann eine Pflanze nicht sein. Wir bewegen uns in philosophischen Sphären, wenn wir bedenken, dass zum Leben der Tod, zur Gesundheit die Krankheit gehört.

Bleiben wir geerdet und betrachten wir ganz praktische Dinge. Kein Zweifel besteht daran, dass ein Jungbaum mit Schnitt in den ersten Jahren recht gut erzogen werden kann. Der fachkundige Kronenaufbau verhilft dem Obstbaum zu einem tragfähigen Gerüst, das in den Ertragsjahren reichlichem Fruchtbehang standhält. Der Schnitt ist die erste biologische Schädlingsbekämpfung. Der Fruchtansatz ist optimal. Flieger, der Praktiker, weiß, wie's geht: „Durch Formierung wird dafür gesorgt, dass die Leitäste nach allen Richtungen gleichmäßig verteilt sind und eine richtige Stellung zum Mitteltrieb bekommen." Der Entwicklung der Fruchtäste sei größte Aufmerksamkeit zu schenken, meint Flieger, und deshalb vertieft er in seinen Vorträgen das Thema Erziehung. „Das richtige Verhältnis in Länge und Dicke zwischen Leitast und Fruchtästen ist von größter Wichtigkeit. Sodann ist auf eine gute Verteilung der Fruchtäste zu sehen und dass das Fruchtholz genügend Platz hat. Je nach Wachstum (Sorte, Bodenverhältnisse, Niederschläge) muss der Abstand größer oder kleiner gewählt werden.“ Sind zu viele oder zu kräftige Fruchtäste am Leitast, bleibt dieser zurück und das Fruchtholz hat zu wenig Platz. Ist zu wenig Fruchtholz an den unteren Partien des Leitastes, bleibt das Dickenwachstum zurück und der Leitast bleibt zu schwach und kann seine ihm zugedachte tragende Funktion nicht erfüllen. Die Bekleidung der Leitäste ist von größter Wichtigkeit, und macht man hier Fehler, bleiben die Folgen nicht aus. Leitäste sind zu schwach oder die Fruchtholzausbildung ist zu gering. Die Möglichkeiten des optimalen Aufbaus sind vertan.

Flieger spricht von der leistungsfähigen Krone. Eine solche sei mit verhältnismäßig kleinem Aufwand erreichbar. Er ist streng, wenn er betont: „Es dürfen keine Bäume gepflanzt werden, die nachher nicht richtig behandelt werden.“

Flieger verlangt seiner Zuhörerschaft viel ab. Er dringt weit in das Baumwart-Wissen vor und zieht sein Publikum mit. Ich frage mich, ob ihm alle folgen konnten. Wenn ja, befand man sich auf einem hohen Niveau. Dann musste ein erhebliches Fachwissen in breiteren Teilen einer interessierten Bevölkerung vorhanden gewesen sein. War das damals anders als heute?

Was kann falsch gemacht werden? Was sind die Fehler in der Erziehung?

Interessanterweise spricht Flieger von einer größeren Zahl von Leitästen und meint damit mehrere, zumindest zwei Astetagen. Ist der Abstand der Etagen zu klein, hat man die Erziehung vernachlässigt. Weisen die oberen Partien zu viele Leitäste auf, ist das ein weiterer Fehler. Fehlen die Fruchtäste und hat man nur viel Holz im Baum, hat man nichts verstanden.

Aha, denke ich, der Abstand der Etagen ist zu klein. Ein größerer Abstand würde demnach passen. Und wenn Flieger die zu große Anzahl der Leitäste in den oberen Partien kritisiert, wäre er dann mit einer geringeren Anzahl einverstanden?

Es entsprach offenbar den gängigen Vorstellungen, dass ein Obstbaum mehr als eine einzige Astserie mit drei oder vier Leitästen aufweist, und mit dieser Ansicht bewegt sich auch Flieger in den traditionellen Gefilden des Obstbaus. Die Oeschbergmethode trat an, diese Tradition zu brechen, um den Kronenaufbau mit den Astetagen hinter sich zu lassen. Die Oeschbergmethode kennt nur eine einzige Astserie, wirklich nur drei oder höchstens vier Leitäste und keine Astetage darüber, auf keinen Fall. Hingegen räumt auch Flieger, wie viele andere, die Möglichkeit ein, eine weitere, zweite Astetage mit weiteren Leitästen zu ziehen, zwar in gehörigem Abstand, aber immerhin. Er meint, dass Fehler in der Erziehung dann gemacht werden, wenn der Abstand der Etagen zu klein ist und in den oberen Partien zu viele Leitäste gebildet wurden. Anhand von Fotos weist er auf diese Fehlentwicklungen hin: „Im oberen Teil der Krone wurden viel zu viele Leitäste gebildet." Oder: „Abstand der Etagen zu klein." Jedoch: Die Vorstellung vom Aufbau der Krone mit mehreren Reihen von Leitästen ist da und wird nicht kategorisch ausgeschlossen.

Genau in diesem Punkt scheiden sich die Geister von jeher. Genauer gesagt: seit 1930. Ich lernte die Einstellungen vieler gegenwärtig tätiger Baumwarte kennen und forschte in der Fachliteratur, beginnend mit Werken aus den späten 40er-Jahren des vergangenen Jahrhunderts, herauf bis zur Fachliteratur des 21. Jahrhunderts. Es schälte sich der Eindruck heraus, dass man es nicht so genau nimmt mit den Festlegungen der schweizerischen Obstbauschule, auf die man sich aber sehr wohl beruft. Oeschberg ja, aber so ganz genau muss man das nicht nehmen.

Ich erinnere mich an die Situation, wie der Andreas Salzlechner vor versammeltem Publikum im Baum steht, kräftige Dachlatten ins Gezweig spreizt und mit energischen Schnitten einen Starkast herausnimmt. Ferdinand Baumgartner steht vor dem Baum am Boden, staunt und ringt nach Worten. „Also, das hätte ich jetzt nicht so … Der Öschbergschnitt müsste doch …" Meine Verwunderung als unerfahrener Teilnehmer des Schnittkurses beim Lenzenbauern in Hallwang war umso größer und äußerst einprägsam, erlebte ich doch eine offensichtliche Meinungsverschiedenheit unter Fachleuten, die ich nicht vermutet hätte.

Damals wusste ich nicht, dass es diese Unterschiede in der Auslegung einer Fachmeinung gibt. Es ist schon sehr interessant, dass ich gleich zu Beginn und beim Einstieg in die Praxis des Obstbaus auf einen Glaubensstreit stieß.

Später wurde für mich deutlich, dass dem Kronenaufbau zentrale Bedeutung zukommt und es dazu aber unterschiedliche Auffassungen und Ansichten gibt.

Mein persönliches Erlebnis, das mir vor Augen führte, wie unterschiedlich die Schnittpraxis angelegt ist, steht beispielhaft für eine Kontroverse, die sich durch die jüngste Vergangenheit einer Jahrtausende alten Kultur zieht. Mit der Entwicklung einer Schnitttechnik, die als Oeschbergmethode in die Geschichte einging, entstand Zündstoff in den Fachkreisen, der einen historisch belegten Brand auslöste, den Württembergischen Obstbaukrieg. Weniger dramatisch, aber umso deutlicher nachweisbar fiel die kontroversielle Darstellung der Kronenbearbeitung in der Fachliteratur aus. Von der radikalen Ansicht, drei Leitäste seien genug, bis zur traditionsverpflichteten Etagenausbildung mit bis zu acht Leitästen reicht die Palette der Meinungen.

Die Meinungsvielfalt, die man vielleicht sogar als Unsicherheit auslegen kann, zieht sich quer durch. Nicht nur durch die Buchveröffentlichungen, auch durch die Vereine, sogar bei einzelnen Personen. Flieger zum Beispiel vertrat vor dreißig, vierzig Jahren eine andere Ansicht, als er sie mir gegenüber in einem Gespräch äußerte. Im Hochstamm seien drei Leitäste wirklich das Beste. Die Windbruchgefahr sei am geringsten, denn die Leitäste seien so am stärksten und drei böten weniger Angriffsfläche als vier oder mehr. In seinen alten Tagen zeigt er sich konsequent und punktgenau. Drei, nur drei, basta!

Freilich macht es einen Unterschied, ob ich von einem Hochstamm spreche oder von einem Buschbaum. Ist das Prinzip hier wie da natürlich das gleiche, ist eine unterschiedliche Beurteilung schon ratsam, denn die Unterschiede sind zu groß, um sie nicht zu sehen.

Es ist das Verdienst von Josef Flieger, dass er zu seiner Zeit, beginnend in den 50er-Jahren des vorigen Jahrhunderts, die Missstände in der Obstbaumkultur aufzeigte. Schlechte Sortenwahl, ungünstige Standortbedingungen, Vernachlässigung der Pflege, um nur ein paar zu erwähnen. Bemerkenswert ist die liebevolle Gestaltung der Folien. Handgefertigte Zeichnungen verdeutlichen die Aussagen und sind eine wertvolle Ergänzung.

Im Zentrum seines Engagements steht der Apfel. Keine Frucht habe den Menschen stärker beschäftigt, in Göttersagen, in Märchen, in Volksbräuchen. Denn der Apfel sei der Inbegriff der Frucht und deren unübertrefflich gute Eigenschaften als Gesundheitsspender wolle er den Menschen in Erinnerung rufen, das sei sein größtes Anliegen.

In seinen Vorträgen geht er auf die Entstehung der Kulturformen des Apfels ein. Er führt Forschungsergebnisse an, die die Ableitung aus den Wildformen Malus silvestris und Malus sieversii belegen, ausgehend vom Kaukasusgebiet und dem heutigen Kasachstan. Alma Ata, was die Stadt des Apfels heißt, war einmal die Hauptstadt von Kasachstan. Verbreitung fanden die hybridisierten Kulturformen von indogermanischen Völkern zu Zeiten der Völkerwanderungen und in der Antike durch Griechen und Römer, die somit an der Entstehung der Sorten maßgebend beteiligt waren, indem sie die spontanen Kreuzungen auswählten und sammelten. „Alles, was schöner war und gut schmeckte, wurde gesammelt und durch Samen vermehrt", hält Flieger in seinen Schriften fest. „Wer die Reiserveredelung entdeckt hat, ist unbekannt. Für den Praktiker wird diese Reiserveredelung immer aktuell bleiben", auch wenn die Wissenschaft die Sortenvermehrung sehr weit gebracht hat, „leider auch durch Genmanipulation."

Es ist der Apfel, der es Flieger angetan hat. „Keine andere Frucht hat den Menschen mehr beschäftigt", steht in seinen Schriften und tatsächlich meint er: „Keine andere Frucht hat mich mehr beschäftigt, überhaupt nichts anderes hat mich mehr beschäftigt, ein Leben lang, bis zum heutigen Tag." Bedenkt man, dass diese Beschäftigung jetzt bis zum 95. Lebensjahr andauert, kommt eine stattliche Zahl von Jahren zusammen.

Von den Brennnesselversuchen der Kindheit bis zu den Sortenuntersuchungen im Versuchsgarten zieht sich eine Linie durch. Flieger war ein Sucher und Entdecker im Botanischen. Das Pflanzliche im Allgemeinen, die Frucht der Götter im Besonderen hat es ihm angetan. Auf meine Frage: „Was ist für Sie das Besondere des Apfels?", antwortet er: „Der Apfel ist eine Frucht, die sich ungemein vielfältig verwerten lässt. Es gibt den Wirtschafts- und den Tafelapfel, den Früh-, den Herbst- und den Lagerapfel, man isst ihn frisch oder macht Saft, Most und Wein, Mus für den Kaiserschmarren, sogar eine Pizza lässt sich zubereiten. Und er ist gesund, enthält viele Vitamine und Spurenelemente. Und es ist die Schönheit. Und er ist ein jahrtausendealtes Kulturgut der Menschen."

Man darf keinesfalls vergessen, dass Fliegers Liebe und Hinwendung zu den Pflanzen auch die Blumen einschließt. Liebe ist ein starkes Wort, man soll sparsam im Gebrauch damit sein, um es nicht abzunutzen. Oftmals wirkt die Auslegung dieses Begriffes abstoßend auf mich, gerade im Umfeld der Heimatdudeleien. Also Vorsicht! Aber ich kann nicht anders, als zu schreiben, dass es die Liebe zu den Menschen ist, die Flieger zu einem Botschafter macht, der den Blumenschmuck in den Dörfern anpreist. Viele Jahre lang verkündete und unterstützte er Förderungen zur Gestaltung der Dorflandschaften mit Blumen, Beerensträuchern und Ziergehölzen, organisierte Wettbewerbe und Bestrebungen zur Verschönerung des Dorfbildes. Als Vortragender des Bildungswerks und als Berater des Siedlerverbands arbeitete er an der Ortsbetreuung mit und führte Bezirksbewertungen durch, um den Blumenschmuck zu propagieren. Die Landschaftsgestaltung und Dorferneuerung erreichten einen Höhepunkt an Bedeutung in den 60er-Jahren. Die Neugestaltung des ländlichen Obstgartens war ein weiterer Ausdruck der Haltung und Einstellung jener Zeit mit dem Willen zur Verbesserung und Verschönerung des Lebens.

Wenngleich ich hier anmerken muss, dass Flieger leider auch einen Beitrag zur Verarmung der Flur leistete. Natürlich ist seine Haltung mehr als verständlich, lag ihm doch viel daran, das Leben wieder lebenswert zu machen und die Grundlagen dafür zu verbessern. Blumen und Früchte legen Zeugnis ab für diese Gesinnung.

Ökologische Gedanken waren in der damaligen Zeit sicher nicht so verbreitet wie heute und deshalb auch nicht im Bewusstsein eines Salzburger Obstbauinspektors. Obwohl, Flieger nahm schon sehr früh Kurs auf eine umweltbewusste Arbeitsweise und sprach sich gegen die bedenkenlose Anwendung von Chemie im Obst- und Gartenbau aus.

Allerdings tauchten in den Debatten um die Gestaltung des ländlichen Obstgartens keine Schlagwörter wie Diversität und Artenschutz auf, da bin ich mir sicher. Ein Zugang zu Themen der Agrarpolitik im Sinne eines Rousseau – zurück zur Natur! – war vielleicht unter Philosophen denkbar, nicht aber als Herangehensweise der Praktiker vorstellbar. Deshalb wurden auch keine Überlegungen angestellt, wie ein Lebensraum für Tier und Mensch zu gestalten wäre, um höchsten Anforderungen zum Wachsen und Gedeihen von alten, erhaltenswerten Obstsorten und gefährdeten Vertretern der Tier- und Pflanzenwelt zu genügen. Die Streuobstwiese wurde nicht als wertvolles Biotop gedacht, sondern als nette ländliche Idylle mit Wohlfühlcharakter und optimaler Nutzung der allzu menschlichen Eigenzwecke.

Ich, der ich ein Kind des Wohlstands und des Überflusses bin, kann mir vorstellen, wie groß das Sehnen war nach einem besseren Leben, als man es aus Zeiten der wirtschaftlichen Depression und des Kriegsgeheuls mit Not und Entbehrung kannte. Blumen für das Auge, Früchte für den Magen – eine ungeheure Verbesserung der Lebensumstände. Es muss Ausdruck eines Lebensgefühls gewesen sein, als wieder die Balkone in frischen Farben leuchteten, von Kaskaden lebendiger Pracht geschmückt. Die raffinierten Kämmerer stachelten die Balkonbesitzer an, noch schönere Blütenträume zu entfalten, denn es gab Preise zu gewinnen. Und es galt, ganz wichtig, auch den Fremdenverkehr zu fördern. Urlaub am Bauernhof erlebte seinen ersten Boom.

Flieger fühlte sich berufen, seinen Anteil an der Entwicklung zu leisten. Sein Pioniergeist kam ihm hierfür gelegen. Die Unermüdlichkeit und die unvergleichliche Zeitdauer seines Bemühens machen ihn schon zu Lebzeiten zur Legende. Sechs Jahrzehnte Einsatz ohne Unterbrechung, sechs Jahrzehnte Bereitschaft, ohne nachzulassen – Hut ab!

Freilich spielen auch persönliche Motive eine Rolle. Ich halte wenig von hehren Gefühlen wie Opferbereitschaft und In-den-Dienst-Stellen, die gibt es nicht isoliert, da stecken immer andere, meist verschwiegene Absichten dahinter. Es war wohl der Forschergeist, die Neugierde, der Wissensdurst, die Flieger bewegten, neben seiner grundsätzlich menschenfreundlichen

Haltung. Aber Schluss mit anmaßenden Äußerungen, denn weder habe ich die wissenschaftliche Ausbildung eines Soziologen noch die fachlichen Kenntnisse eines Psychologen. Schuster bleib bei deinen Leisten, Baumwart bleib bei deinen Bäumen!

Josef Flieger tat also, was er tat, und ich werde keine Mutmaßungen anstellen, warum er es tat. Die Zeitspanne seines Wirkens ist wunderbar lang. Der Erfolg seines Handelns ist unübersehbar und spiegelt sich in Ehrungen und Auszeichnungen.

Der ländliche Raum wurde nach dem Krieg neu gestaltet und Flieger hatte einen maßgeblichen Anteil an diesen Bestrebungen. Einerseits ist dieser Neubeginn eine grandiose Erfolgsgeschichte, andererseits wird der Grundstein für ungeheure Fehlentwicklungen gelegt. Aber klüger ist man oft erst im Nachhinein. Was das Obst anbelangt, stehen wir im Supermarkt vor makellosen Früchten, wo eine der anderen gleicht, die vor 14 Tagen genau so dalagen wie heute und in nächster Zeit, immer das gleiche, eingeschränkte Angebot aus aller Herren Länder. Wir stehen vor Früchten, die wir gar nicht kennen und bei denen wir keine Ahnung haben, wo und wie sie wachsen. Und wir bewundern Kalenderbilder von blühenden und reich tragenden Obstbäumen, haben aber kaum noch die Möglichkeit, einen Spaziergang zu machen, der uns auf romantischen Wegen durch Wiesen führt, wo alte und junge Obstgehölze in großer Zahl und Pracht stehen und alle unsere Sinne ansprechen und erfreuen. Eben solche Verhältnisse gelten als romantisch, sind Bestandteil von Sehnsüchten und Träumereien, haben aber wenig Wirklichkeitsgehalt. Denn die Landschaft ist verbaut, ausgeräumt, in ihrer Zweckmäßigkeit verödet. Die Ballungszentren dicht, das Land verhüttelt, die Landwirtschaft industriell, der Wald verfichtet, so schaut's aus!

Wer einmal am Albtrauf der Schwäbischen Alb gewandert ist, weiß, dass es was anderes gibt und ist beglückt. Auch die herrlichen Birnbäume des Mostviertels geben ein anderes Bild, ein Bild von Schönheit und Weite und Geborgenheit im Sein. Wir im Flachgau müssen schon ein wenig suchen, um ein Gefühl aufkommen zu lassen, das die Worte ins Gedächtnis ruft: „Wie im Paradies!"

Apropos aufdrängen! Da fällt mir ein Gedicht von Robert Gernhart ein, das geht so:

Da dengelt jemand – oder sagt man dangelt?
im Tale seine Sense, und es drangelt
sich der Vergleich auf – oder sagt man drängelt?
daß es so klingt, als wenn wer wo was dengelt.

Obst ist nicht Obst

Mich begann zu interessieren, wie die historische Entwicklung der Obst- und Gartenbauvereine verlief; ganz allgemein und im Besonderen in Salzburg. Wie waren diese Interessengemeinschaften entstanden? In welche Strukturen waren sie verflochten? Vor welchem gesellschaftlichen Hintergrund spielte sich das Geschehen ab? Warum gibt es den Baumwart? Seit wann gibt es die „Baumwärter"? Was veranlasste bestimmte Menschen, sich zu organisieren und Vereine und Verbände zu gründen? Wie entstand der Wunsch, der vielleicht auch eine Notwendigkeit war, sich Wissen anzueignen und weiterzugeben, um Obstbäume nach eigenem Dafürhalten zu gestalten?

Der Salzburger Obstbau zeichnet sich durch eine Besonderheit aus. Es gibt im ganzen Bundesland keinen Erwerbsobstbau, zumindest keinen nennenswerten. Anders in Nieder- und Oberösterreich, im Burgenland, in der Steiermark, Kärnten, Tirol und Vorarlberg, sogar in der Bundeshauptstadt gibt es neben dem Weinbau gewerblich verarbeitetes Kern-, Stein- und Beerenobst. Das ist bemerkenswert. War das schon immer so? Warum ist das so?

1,42 Hektar Anbaufläche in Salzburg stehen vergleichsweise einer Anbaufläche von 8107,02 Hektar in der Steiermark gegenüber. Also wirklich kaum der Rede wert. Diese verschwindend geringe Fläche kommt aufgrund gezählter vier Betriebe mit 1,29 Hektar im Beerenobstanbau, aufgeschlüsselt in die Produktionsrichtung Erdbeeren 0,82, Himbeeren 0,27, Vogelbeeren 0,15 und 0,05 sonstige Beeren. Zu dieser Beerenanbaufläche kommen 0,08 Hektar Holunder- und 0,05 Hektar Zwetschkenanlagen dazu. Keine Äpfel, keine Birnen, schon gar keine Marillen oder Pfirsiche, auch keine Nüsse, die in Salzburg gewerblich angebaut werden. Es muss nicht gesagt werden, dass der Weinanbau kaum von Bedeutung ist. Ein Hektar Rebfläche in Großgmain, weniger als ein Hektar am Mönchsberg und noch mal 0,6 Hektar in Michaelbeuern stellen das Ausmaß des Weinbaus dar, der zum Teil ein Liebhaberprojekt ist. Edelkastanien wachsen auch keine in den Salzburger Gauen.

Nur zum Vergleich, um sich ein Bild zu machen, ein paar Zahlen aus den anderen Bundesländern:

	Betriebe	**Baumzahl**	**Hektar**
Burgenland	426	1553423	863,28
Kärnten	42	55371	177,57
Niederösterreich	1190	1785839	2097,02
Oberösterreich	215	646628	794,93
Steiermark	2110	20220149	8107,02
Tirol	177	298199	206,06
Vorarlberg	48	88637	56,14
Wien	10	101504	86,18

Die Statistik weist drei Bundesländer mit Baumzahlen über der Millionengrenze aus, Salzburg bringt es auf eine Baumzahl von 70 Stück: 15 Zwetschkenbäume und 55 Ebereschen, die für gewerbliche Zwecke wachsen!

So weit die Zahlen, die ich einer aktuellen Veröffentlichung der Statistik Austria entnehme.

Die Sonderstellung Salzburgs erklärt, warum hierzulande die Uhren anders ticken. Die Interessenlage ist eine andere, denn wirtschaftliche Überlegungen haben keine oder nur geringe Bedeutung. Der Einfluss mächtiger Industriebetriebe ist nicht vorhanden. Kapitalvertreter haben nicht das Sagen.

Die Vor- und Nachteile, die sich aus dieser Situation ergeben, prägen die Verhältnisse. Die Abwesenheit von Wirtschaftsinteressen bietet einen Freiraum, den zu füllen andere Kräfte in der Lage sind. So konnte sich der Liebhaberobstbau in einer starken Position behaupten. Der Wert der Selbstversorgung war nie infrage gestellt. Die pädagogische Qualität der Obstkultur büßte nie ihre Rolle ein und erlebt gegenwärtig eine Renaissance.

Das „Bauerngartl" fiel nicht einer Obstplantage zum Opfer. Eine Tradition, die moralische Werte hochhält, blieb erhalten und lebt fort bis heute.

Geldströme fließen in der Salzburger Landwirtschaft woanders hin. Die Bedeutungslosigkeit hat freilich geringe Mittel zur Folge. Die politische Vertretung ist dementsprechend schwach angelegt.

Als ich mein Baumwärter-Zertifikat überreicht bekam, geschah das immerhin schon in einem feierlichen Akt, dem sogar ein höchstrangiger Politiker beiwohnte. Abgeordneter zum Nationalrat und Präsident der Landwirtschaftskammer Franz Essl persönlich händigte das Dekret aus, was den Stellenwert des Obst- und Gartenbaus verdeutlicht. Die Zeremonie war Programmteil der Jahreshauptversammlung der Obst- und Gartenbauvereine, die deren Landesverband alljährlich abhält. In der Jahreshauptversammlung, der eine Fachtagung angehängt wird, präsentiert sich der offizielle Salzburger Obstbau. Anwesend sind die Funktionäre des Landesverbandes und seine Mitarbeiter und Mitarbeiterinnen. Mitarbeiter, Mitarbeiterinnen? Die Mehrzahl ist unzutreffend. Es handelt sich gerade mal um eine einzige Person, die für die Verwaltung und Administration zuständig ist, und dies in einer Teilzeitbeschäftigung. Das sagt doch auch etwas über die Stärke des Verwaltungsapparats aus.

Auf der jährlichen Veranstaltung des Landesverbands werden herausragende Leistungen im Obst- und Gartenbau prämiert. Wie die obigen Ausführungen vermuten lassen, werden nicht gesteigerte Absatzzahlen betont, nicht Erschließungen neuer Märkte erwähnt, keine Urkunden für unübertroffene Verkaufserlöse vergeben. Auszeichnungen und gewonnene Preise für Schnapsbrenner werden verkündet. Schnäpse und Liköre werden prämiert. Das ist Realität im Salzburger Obstbau.

Vor fünfzig Jahren wurden die Sieger und Siegerinnen des Wettbewerbs „Dorferneuerung“ gekürt. Wahrscheinlich im Rahmen einer ähnlichen Veranstaltung, wie sie der Landesverband schon damals abhielt.

Damals war Josef Flieger an der Seite von Hellmut Dreiseitl treibende Kraft in einer Bewegung, die es sich nach der Katastrophe des Zweiten Weltkriegs zur Aufgabe gemacht hatte, Schönheit in das Leben zurückkehren zu lassen. Das Wiederaufbauprogramm in den 50er-Jahren setzte auf Tradition und Veränderung zugleich. So schön wie früher soll es wieder werden, auch wenn wir dafür vieles verändern müssen. Flieger war als Vortragender und Berater für das Bildungswerk und den Siedlerverband eifrig tätig. Er hielt Kurse an der VHS ab und gemeinsam mit Dreiseitl hatte er die Ortsbetreuung und die Bezirksbewertung der Landwirtschaftskammer über.

Dreiseitl war als Referent der Kammer mit der Umstrukturierung des ländlichen Raums beauftragt. Die Idee beinhaltete die Aufwertung des Dorfbildes, die man versuchte, durch Blumenschmuckaktionen und Neugestaltung der Hofgärten umzusetzen. Zielrichtung war nicht der Aufbau von Obstanlagen und eine Obstverwertung, dergleichen hatte man nicht vor im Land. Schon eher wollten die Verantwortlichen in Wirtschaft und Politik einen Aufschwung im Fremdenverkehr herbeiführen. Im Tourismus sah man Möglichkeiten, die im ländlichen Bereich zu verwirklichen waren. Balkone der Bauernhöfe mit prächtiger Blumenzier sollten Urlauber ins Land locken. „Urlaub am Bauernhof“ wurde als Programm ins Leben gerufen.

Eine Entrümpelung im und um den Hof sollte das Dorf in neuem Glanz erstrahlen lassen. Die Hofgärten hatten einen überalterten und ungepflegten Bestand an Obstbäumen. Die Berater der Kammer drängten auf Ersatzmaßnahmen. Die Rodung der alten Bäume sollte der erste Schritt sein. Dann mussten Neupflanzungen getätigt werden. Wie man vorzugehen hatte, wurde in Broschüren und auf Vorträgen landesweit vermittelt.

Die Entrümpelungsaktion war großteils Privatsache und spielte sich in den Haus- und Hofgärten ab. Prämien für Rodungen, Förderungen für Neupflanzungen bestimmter Sorten, so veränderte sich die Landschaft mitsamt einer damit einhergehenden Sortenumstellung. Österreichweit folgte so mancher Streuobstwiese eine Anlage mit Dichtpflanzung von sortenreinen Niederstämmen.

In den 60er-Jahren des vorigen Jahrhunderts wütete das Rodungswerkzeug – die Kettensäge, der Traktor, die Axt – in den mitteleuropäischen Obstgärten. Der Baumbestand wurde in ungeheurem Ausmaß reduziert.

Landschaftsverändernde Maßnahmen folgten durch eine boomende Bautätigkeit. Der Bedarf an Bauland war enorm. Die Ausweitung der Siedlungsgebiete, die Errichtung von Wohnanlagen und Gewerbegebieten, der ungeheure Anspruch des Straßenbaus gingen auf Kosten der landschaftlichen Vielfalt und dezimierten den Obstbaumbestand radikal. Dort, wo ein Einzelbaum im Weg stand, dort, wo Grünland einengte, wurde der Weg freigemacht für ungehindertes, motorisiertes, rationelles Wirtschaften und für ein neues Bedürfnis nach Lebensraum.

Der Wunsch nach Natur wurde in Salzburg auf das Bauerngartl und den Hausgarten im neuen Einfamilienwohnhaus heruntergebrochen und dementsprechend idealisiert.

Die Obstliebhaber hatten wenig zu melden in der Zeit des Wirtschaftswunders und des Baubooms. Wer Obst will, gehe ins Kaufhaus. Sich das eigene Obst zu ziehen, kam aus der Mode, sowohl bei der ländlichen als auch, noch viel mehr, bei der städtischen Bevölkerung. Die Selbstversorgung mit Obst wurde mehr und mehr eine schrullige Angelegenheit, eine eigentümliche Beschäftigung wie Briefmarkensammeln. Die Entwicklungen in der zweiten Hälfte des 20. Jahrhunderts waren alles andere als einer Besinnung auf Muße und Kontemplation dienlich. Selbst Iglhauser, der zuckersüße Literat der Obstkultur, verzeichnet einen Niedergang des Obstbaus.

Ein Beispiel aus der Landesgeschichte zeigt den zeitbedingten Verfall einer Tradition, wie sie die mehr oder weniger idealistische Arbeit im Obstgarten darstellte. Eine führende Rolle im Obstbau kam in der Zeit vor dem Zweiten Weltkrieg der Gegend um Strobl zu. Der örtliche Obst- und Gartenbauverein wurde 1939 aufgelöst und nach dem Krieg zwar wiedergegründet, doch das Interesse für die Obstkultur verschwand völlig, sodass der Verein 1963 seine Tätigkeit einstellte. Erst 1989 taten sich die Gemeinden Strobl, St. Gilgen, St. Wolfgang und Bad Ischl zusammen, um eine Vereinsneugründung zu beschließen.

Die Kriegsgeschehnisse von 1939–1945 stellten einen tief greifenden Einschnitt auch im Obstbau dar. Die Obst- und Gartenbauvereine wurden im Herbst 1939 zwangsweise aufgelöst, unter der Obmannschaft von Nationalsozialisten wiedergegründet und in den Reichsnährstand eingegliedert. Was das heißt, versuche ich mir vorzustellen. Die Männer mussten kämpfen an der Front, die Frauen versuchten, ein häusliches Leben aufrechtzuerhalten. Die Pflege von Obstbäumen war da wohl kein Thema mehr. Ein Stück Land musste für das eigene Überleben als Kartoffelacker dienen, ein alter Obstbaum als Brennholzlieferant. Denkbar ist die Obstbaumpflege hinter Klostermauern.

Dass es Jahre dauern musste, bis nach den Gräueln des Krieges wieder aus Leidenschaft ein Obstbaum gepflegt wurde, erscheint mir mehr als verständlich. Für manche Bauern war es sicherlich eine Möglichkeit, im Nebenerwerb ein wenig Geld zu erwirtschaften. Der alte Göllner, der Huberbauer in Bergheim, erzählte mir, wie sie ihr Obst zum Markt, zur Schranne, in die Stadt brachten.

„Die Bauern aus Acharting und Anthering fuhren mit ihrem Obst auf den Markt, auf die Schranne. Die Straße ging damals bei mir vorbei, damals gab's nur diesen Weg. Es waren die Bäuerinnen, die das machten, mit Handkarren. Wir brachten unser Obst auch auf den Markt, gleich nach dem Krieg, den Klarapfel Anfang August, und dann den James Grieve. Den pflückte man nach und nach. Der Klarapfel wurde ja schnell mürb, der James Grieve hielt länger. Wer zuerst am Markt war, hatte den besseren Platz, vorne, wo die Leut als erstes hin kamen. Der Marktwagen steht noch irgendwo bei mir, den gibt's noch. Die Waage und die Gewichte musste man selbst dabei haben. Das war so ein Karren mit großen Rädern, ohne Reifen, mit einem Korb dazwischen."

Bildverweis! Franz Göllner fährt zum Markt.

Von ihm, von Göllner, erfuhr ich etwas Bemerkenswertes, das meine Recherche ergänzt und in manchem sogar infrage stellt.

„1930 gründete der Oberlehrer Wieser den Verein. Der Schuldirektor Brandstätter und der Oberlehrer Wieser führten den Verein. Na, der Verein wurde nicht aufgelöst, der Brandstätter und der Wieser waren eh Nazi. Der Kriechhammer, der Anton Kriechhammer, hat den Verein dann 1946 übernommen. Das Haus vom Kriechhammer, das stand drüben bei der Wegkreuzung, das steht heute im Freilichtmuseum, gleich beim Eingang, wo man reingeht, die Kassa ist da drin. Er hat mich dann gefragt, ob ich den Verein übernehme. Das hab ich dann gemacht." Franz Göllner war von 1968 bis 2009 – mehr als 40 Jahre – Obmann des Obst- und Gartenbauvereins Bergheim.

Stimmt es, was seine Erinnerung wiedergibt, wurde 1939 nicht jeder Verein aufgelöst? Dann hätten solche, die bereits in den „richtigen" Händen lagen, fortbestanden. Mein Wissen über die Vorgänge, die mit der Machtübernahme der Nationalsozialisten nach dem Anschluss Österreichs an Deutschland passierten, ist zugegebenermaßen gering. Im Landesarchiv der Salzburger Landesregierung fand ich Dokumente, die die Auflösung der Vereine im November 1939 belegen. Nach einem Gesetz vom 17.5.1938 über die „Überleitung und Eingliederung von Vereinen, Organisationen und Verbänden" veranlasste der „Stillhaltekommissar" die Genehmigung, Löschung oder Umorganisierung der Vereine und deren Eingliederung in den „Reichsnährstand". Oberstes Ziel des Reichsnährstandes war es, die österreichische Landwirtschaft den Kriegserfordernissen entsprechend zu optimieren. Die Obst- und Gartenbauvereine – die, die überblieben – unterlagen ab 1939 genauso dieser Zielsetzung. Der Löschung im Vereinskataster folgte gegebenenfalls der Austausch des Vereinsvorstandes und die Neugründung, falls der Stillhaltekommissar feststellte: „Vom Standpunkt der Partei aus bestehen gegen die Errichtung des oben genannten Vereins keine Bedenken. H. H."

Das Auftauchen von Franz Göllner in meinem Text verwende ich dafür, ihn als Beispiel für die Richtung anzuführen, die so mancher Obmann eines Obst- und Gartenbauvereins in Salzburg in den Nachkriegsjahren vorgab. Auch Göllner reihte sich ein in das Aufgebot der Kräfte, die zur Dorferneuerung ihren

Beitrag leisten wollten. Flieger sagte in diesem Zusammenhang: „Wir waren Gartenberater, keine Baumwärter.“ Diese Aussage bringt das damalige Gebot der Stunde auf den Punkt. Liebliche Gärten, Blumenschmuck an Fenster und Balkon, eine saubere, reizvolle Dorfidylle wollte man haben.

Der Referent für Obst- und Gartenbau in der Landwirtschaftskammer, Ing. Hellmut Dreiseitl, hatte seine Aufgabe in der Weise verstanden, in Salzburg keinen Erwerbsobstbau aufziehen zu wollen. Stattdessen engagierte er sich im Gartenbau, im Blumenschmuck und in der Ortsverschönerung. Oberinspektor Dreiseitl betreute den Salzburger Obstbau von 1948 bis zu seiner Pensionierung 1983. Er war sicherlich die zentrale Figur in allen Belangen des Liebhaber- und Selbstversorgerobstbaus. Als Geschäftsführer des Salzburger Baumwärterverbands trug er mit dazu bei, die fachkundliche Pflege der Obstbäume nicht gänzlich in Vergessenheit geraten zu lassen. Er war einer der Ersten in Österreich, der den Wert und die Bedeutung der alten Obstsorten erkannte und deren Erhalt das Wort redete. In Fachkreisen nahm Dreiseitl eine prominente Stellung ein. Sein Bekanntheitsgrad erstreckte sich über weite Kreise der Bevölkerung. Die Jahreshauptversammlung des Landesobst- und Gartenbauvereins und des Salzburger Baumwärterverbands war den Salzburger Nachrichten am 20.11.1956 eine Notiz mit der Schlagzeile „Nur Obst erster Güte“ wert. Für seinen großen Einsatz erhielt er 1984 vom Landeshauptmann das „Silberne Verdienstzeichen“. Dreiseitl verstarb im Jahr 2007 und hinterließ der Nachwelt einen legendären Ruf. Der Name Dreiseitl wird respektvoll hochgehalten. Josef Flieger besteht mir gegenüber darauf zu erwähnen, dass er alles dem Dreiseitl, seinem Freund und Weggefährten, verdanke. Das zeigt seinen großen Respekt vor dem Verstorbenen, aber ich hege ganz stark die Vermutung, dass Flieger auch ohne die innige Zusammenarbeit mit Dreiseitl seinen Weg zum Obst gefunden hätte. Die Kräfte, die ihn in diese Richtung vorantrieben, waren besonders stark angelegt.

Der Vorgänger von Dreiseitl war Hermann Purner. Purner war Fachlehrer an der Landes-Landwirtschaftsschule Schloss Winkl in Oberalm. Ein Kollege Purners an der Schule Winklhof war

Josef Lerch, jener Lerch, an dem großer Ruhm haftet. Seinerzeit galt Lerch bei den Bauern als der Altmeister des Salzburger Obstbaus. Er war ein Botaniker, ein Fachlehrer, ein Organisator und Praktiker zugleich. Sein Wissen brachte ihm den Ruf eines Pomologen ein, einer der wenigen, die Salzburg hervorbrachte.

Die beiden, Purner und Lerch, tauchen als Autoren des Buchs „Salzburger Obstsorten" auf, das 1937 erschien, herausgegeben vom Obst- und Gartenbauverein für das Land Salzburg, ein dünnes Werk mit 71 Seiten. Ein paar Jahre zuvor hatte Paul Eiterer das Buch „Der Obstbau in Salzburg" geschrieben, ein kleines Büchlein mit 32 Seiten, 1928 in Thalgau im Eigenverlag erschienen. Eiterers Werk steht in der Universitätsbibliothek Salzburg und ist dort entlehnbar. Zwei weitere Bücher sind im vorigen Jahrhundert als Obstfachbücher mit Bezug zu Salzburg erschienen. „Der Salzburger Obstbau" von Iglhauser, Dreiseitl u. a. 1991 und „Salzburger Obst- und Bauerngartl" von Josef A. Standl 1999. Mein Buch hinzugerechnet haben wir insgesamt fünf Bücher in 100 Jahren, das ist nicht gerade sensationell. Vielmehr ist es ein Ausdruck für die Bedeutung, die dem Obstbau in Salzburg zukommt. Die Bedeutung ist gering.

Zu Purner und Lerch möchte ich noch ergänzen, dass sie als Obmänner für den „Bezirksverband der Gartenbauvereine in Salzburg" bzw. für den „Landesverband der alpenländischen Gartenbauvereine" im Salzburger Amtskalender 1941–42 der Vereine der „Gauhauptstadt Salzburg" erscheinen.

Die braune Vergangenheit im Salzburger Obstbau und dessen Vereinsgeschichte ist ein nicht untersuchtes Thema, wie mir die Historikerin Frau Prof. Dr. Helga Embacher bestätigte.

Als leitende Funktionäre waren die beiden nach dem Krieg offenbar nicht mehr tragbar. 1948 folgte Dreiseitl Purner und Stadler übernahm den Obmannposten von Lerch, der sich ins Privatleben zurückzog, dem Obstbau aber treu blieb und in Goldegg eine Baumschule für Obstbaumunterlagen betrieb.

Was aus der Baumschule Lerchs, der ehemaligen Baumschule Ziegler, wurde, ist mir nicht bekannt. Tatsache ist, dass es gegenwärtig im Bundesland keinen Betrieb gibt, der Mitglied des Bundes Österreichischer Baumschul- und Staudengärtner ist.

Willst du in Salzburg einen Obstbaum kaufen, in einem Lagerhaus oder bei den Firmen Mayer, Wlczko oder Thausig, kriegst du einen Baum aus Oberösterreich. Das ist bezeichnend und ist unter anderem ein Zeichen für den Zustand der Obstkultur in Salzburg. Franz Berghammer, Obmann des OGV Bergheim, holte die Unterlagen für einen Veredelungskurs, den ich leiten durfte, von einem Betrieb aus dem Innviertel.

Erstaunlicherweise war das einmal anders gewesen. Wie das Organ des Oesterreichischen Pomologen-Vereins „Der Obstgarten, Wochenschrift für Obstbau, Sortenkunde und Obstbenützung“ 1879 mitteilt, gab es damals in den Bezirkshauptmannschaften Salzburg, Zell a. See, St. Johann und Tamsweg 46 Baumschulen. Das ist eine beachtliche Zahl. 14 wurden von Gemeinden betrieben, 10 von Volksschulen und weitere 10 von Lehrern, 9 von Privatleuten und 2 von Pfarrern. Eine Baumschule war der Betrieb eines Vereins. Bemängelt wurde in der Zeitschrift das unproduktive Konkurrenzverhalten und der Umstand, dass immer wieder Obstbaumhausierer geschäftsstörend in Erscheinung träten. Der Lungau leide ganz besonders unter dem Auftauchen der Wanderhändler, die aus dem steirischen Raum kämen.

Im Kontext der damaligen Zeit betrachtet erscheint dieses Zustandsbild als typisch. Der Obstbau einerseits entwickelte sich zu einem wachsenden Wirtschaftszweig und die rege Bautätigkeit mit repräsentativen Absichten andererseits ließ die Nachfrage nach Obst-, aber auch anderen Bäumen stark ansteigen.

Die Landwirtschaft entdeckte die Obsterzeugung als Zusatzeinkommen, denn Most und Dörrobst wurden immer gefragter. Die Kommunen ergriffen gezielt Maßnahmen zur Hebung der Volksgesundheit und ließen die ortsnahen Straßen und allgemein zugänglichen Gemeindegebiete mit Obstbäumen bepflanzen.

Die Bautätigkeit zu Repräsentationszwecken erlebte einen großen Aufschwung. Stadtgärten, Prunkalleen, Parkanlagen waren sehr beliebt. Zu Ehren Franz-Josefs und anderer Monarchen wurden Tausende Bäume gepflanzt. Jemand von Rang und Namen wollte gerne mächtig und angesehen erscheinen, indem er sich mit Pflanzungen prunkvoll in Szene setzte.

Die Nachfrage nach Pflanzware war in der zweiten Hälfte des 19. Jahrhunderts groß und dementsprechend boten sich Erwerbsmöglichkeiten. Eine bedeutende Anzahl von Baumschulen war die logische Konsequenz und die Erklärung der Existenz der Betriebe im Salzburgischen.

Die Geschichte der Baumschulen reicht beinahe ebenso weit zurück wie die Geschichte des Obstbaus. Seitdem sich die Menschen die Kunst des Veredelns angeeignet hatten, kam der Vermehrung und der Züchtung verstärkt Bedeutung zu. Die Klöster verrichteten in diesen Fertigkeiten nachgewiesenermaßen Pionierarbeit. Waren die Geistlichen vorwiegend von Idealismus getrieben, entwickelte sich daraus ein Geschäft in der bürgerlichen Gesellschaftsschicht.

Dem Wildwuchs in diesem Geschäftszweig versuchten die einflussreichsten Geschäftsleute entgegenzutreten. Man war bemüht, sich Pfründe zu sichern und mittels einer straffen Organisation Kontrolle zu erlangen. Der Aufbau eines einheitlichen Berufsbildes mit reglementierten Zugangsbestimmungen führte 1908 zur Gründung der „Vereinigung Österreichischer Baumschulbesitzer“. Um regulierend eingreifen zu können beschloss die Pomologengesellschaft 1912 auf ihrer III. Tagung weitere Kontrollmaßnahmen und verpflichtende Attestierungen. Durch „Bestimmungen für den Geschäftsverkehr mit Obstbäumen und Beerensträuchern“ wurden Qualitätsnormen aufgestellt.

Die beiden Weltkriege wirkten auch sehr zerstörerisch auf jede Organisationsstruktur. Schließlich wird 1954 nach jahrelangen Diskussionen und Auseinandersetzungen die „Bundesfachsektion Baumschulen“ des „Bundesverbandes der Erwerbsgärtner Österreichs“ ins Leben gerufen. Dieser Strukturbereinigung konnten viele Betriebe nicht folgen, das „Mitgliederverzeichnis der Markenbaumschulen“ schreibt strenge Aufnahmekriterien vor. Aus den 90er-Jahren des vorigen Jahrhunderts liegen mir Angaben vor, die Baumschulen in sechs verschiedenen Bundesländern ausweisen. Nicht dabei in dieser Aufzählung sind die westlichen Bundesländer Vorarlberg, Tirol und Salzburg.

Die Baumschulen Salzburgs sind längst verschwunden. Eine Fotografie aus dem Jahr 1950 zeigt die erste Pinzgauer Baumschule, gegründet 1885, am Schatzbichlgut zu Ramseiden in Saalfelden. Dieses Foto ist wahrscheinlich eines der letzten Zeugnisse dieses untergegangenen Gewerbes.

Eine Tradition im Erwerbsobstbau mit der dazugehörenden Vermarktung von Erzeugnissen der Obstwirtschaft ist in Salzburg kaum vorhanden. Kirschlikör aus dem Pinzgau und die Kirschen aus St. Veit im Pongau waren in früheren Zeiten ein Nischenprodukt, viel mehr ist mir nicht bekannt.

Dennoch gelang es dem „Obst- und Gartenbauverein für das Land Salzburg", konkret der Geschäftsstelle in Oberalm bei Hallein, die VIII. Tagung der „Gemeinschaft österr. Obstzüchter" im Jahr 1934 abzuhalten. Von 17. bis 20. Juni tagten führende Funktionäre und anerkannte Fachleute aus ganz Österreich mit dem Ziel der „Hebung des Obstbaus in unserem Lande".

Prof. Ing. E. Planckh von der HBLVA Klosterneuburg referierte am 20.6.1934 um 9 Uhr in der III. Sitzung über „Regelmäßige Obsternten durch zweckentsprechende Wurzelpflege" und der Fachlehrer i. R., Gartenarchitekt Anton Flach aus Tirol, gab „Praktische Winke über häufige Fehler in der Behandlung der Obstgehölze". (Rehrlbrief 1934)

Die Jahrestagungen der österreichischen Obstzüchter, die von 1927 bis 1936 stattfanden, hatten einen ausgezeichneten Ruf. Im Anschluss an diese Treffen wurden alljährlich „Zeitgemäße Obstbaufragen" veröffentlicht, die für Interessierte eine Fundgrube an Informationen für die Beurteilung des österreichischen Obstbaus in der Zwischenkriegszeit darstellten.

Ein in jenen Tagen tätiger Obstbaumfreund war der Wanderlehrer Paul Eiterer, der Ehrenbürger von Thalgau, der heute noch großes Ansehen in der Flachgauer Gemeinde genießt. Ein besonderes Verdienst Eiteres war die Vermittlung von Obstbaumwissen an Kinder. Er förderte den Unterricht von Anzucht und Pflege der Obstgehölze an Schulen. Von ihm, dem Pomologen des frühen 20. Jahrhunderts, lässt sich ein Bogen spannen bis in die Gegenwart. So wird auch heute wieder großes Augenmerk in die Unterweisung von Kindern zur Pfanzung und Pflege von Obstbäumen gelegt. Die Neue Mittelschule Bergheim startete vor fünf Jahren das Projekt, einen Schulgarten mit Obstbäumen anzulegen. Die Kinder lernten, Apfelbäume – schwachwachsende – zu pflanzen und zu pflegen, und sie durften sich auch bald über die Früchte ihrer Arbeit freuen.

Die erwähnte VIII. Tagung fand in Oberalm statt. In dieser kleinen Gemeinde, zwischen der Stadt Salzburg und Hallein gelegen, war die Landes-Landwirtschaftsschule Schloss Winkl beheimatet. Die Geschichte der Schule geht auf das Jahr 1908 zurück, als das Schloss in den Besitz des Landes kam und ein Schulbetrieb eingerichtet wurde. Schon im Gründungsjahr stand eine Stunde Obstbau auf der Stundentafel, abgehalten von Fachlehrer Glaab. Bis in die aktuelle Gegenwart der dreijährigen Landwirtschaftsschule ist der Obstbau Unterrichtsgegenstand. Pflanzung, Schnitt und Verarbeitung in Form von Schnapsbrennen sind im Lehrplan angeführt.

Spaziert man heute am Obstgarten vom Winklhof vorbei, kann man die schön gepflegten Obstbäume, etwa ein Dutzend an der Zahl, bewundern. Ein Beispiel, eines von nicht allzu vielen, für die fachkundige Pflege von Obstbäumen.

Am Zustand der Obstbäume lassen sich Qualitätsstandards erkennen. Verallgemeinernd gesprochen spiegelt der Obstbaum wider, wie es um die Obstkultur einer Region steht. Mit offenen Augen und dem Blick eines Baumwarts durch die Gegend zu spazieren, gibt Aufschluss über Wissen und Praxis in der Obstbaumpflege.

„Schau dir die Bäume an in Ursprung", meint Andreas. „Alle vergreist! Die jungen Bäume, alle vergreist." Andreas Salzlechner meint die entlang der Zufahrtsstraße zur HBLA Ursprung vor nicht allzu langer Zeit gepflanzten Obstbäume.

Viele Obstbäume in den Hausgärten zeigen einen starken Neutrieb. Im Allgemeinen wird zu viel geschnitten. Besen in der Landschaft geben ein Bild von der Schnitterfahrung, die bemitleidenswert ist. Ältere Bäume mit starkem Gerüst, aber kaum Fruchtholz stehen als verkahlte Mahnmale herum, schon im Herbst fleißig bearbeitet, im Winter ein fragwürdiger Anblick. Unten kahl – oben dicht, scheint die Regel zu sein. Offensichtlich ist es nicht weit her mit der Kunst der Baumpflege hier im Flachgau, meiner unmittelbaren Umgebung.

Die Obstbäume der Bauern sind meist überaltert. Hochstämme, in die Jahre gekommen, vernachlässigt. Für den Most reicht's, mag die Einstellung sein. Oder für einen Apfelstrudel. Hier und dort wird nachgepflanzt, aber es fehlt die Erziehung der ersten Jahre.

Der Obstbau im Land Salzburg ist im Kern- und Steinobstbereich fast zur Gänze als Liebhaber- und Selbstversorgerobstbau angelegt, das sagten wir bereits. Organisiert ist der Obstbau einzig und allein in der Struktur des Landesverbands der Landwirtschaftskammer mit den Obst- und Gartenbauvereinen. Die allerdings, die OGVs, sind zahlreich, fast jede größere Ortschaft hat ihren OGV. Mehr oder weniger rührige Obmänner sind in ehrenamtlicher Weise um ein reges Vereinsleben bemüht. Die Geselligkeit kommt nicht zu kurz, aber auch der fachlichen Weiterbildung wird Platz eingeräumt. Schnittkurse sind ein fixer Bestandteil der meisten Obst- und Gartenbauvereine.

Der OGV Bergheim veranstaltet einmal im Jahr einen Schnittkurs, abwechselnd im Winter und im Sommer. Man trifft sich bei einem Bauern – ein Dutzend oder auch mehr Interessierte – und bearbeitet unter fachlicher Anleitung den einen oder anderen Baum. Hier kommt der Baumwart ins Spiel. Er wurde ja gerade für diesen Zweck ausgebildet. Das Ausbildungsprogramm der Landwirtschaftskammer, das die einzige Möglichkeit darstellt, den Status „Baumwart“ zu erlangen, verpflichtet den Absolventen, sein erworbenes Wissen an Laien weiterzugeben. So steht es auf dem Papier. Es ist der Versuch, das Bildungsniveau in der Obstgehölzpflege zu heben.

Ich persönlich mache das auch gerne. Mein Idealismus ist ausreichend, um die von einem Baumwart erwarteten Aktivitäten durchzuführen. Bergheim, eine Gemeinde mit immerhin 5000 Einwohnern, hätte keine Alternative, weil ich der einzige aktive Baumwart in der Gemeinde bin. Zumindest weiß ich von keinem anderen. Ich schreibe das deshalb, um ein Zustandsbild zu geben, um aufzuzeigen, wie groß die Verankerung einer Kultur der Obstbaumpflege in der Bevölkerung ist. Meiner Meinung nach ist der Obstbau als ernst gemeinte Beschäftigung mit Gehölzen, die essbare Früchte tragen, im Land Salzburg eine Liebhaberei von relativ wenigen und die Durchdringung der Bevölkerung mit Wissen um diese Gehölze ist eine sehr oberflächliche.

Das Zustandsbild, wie ich es im Flachgau wahrnehme, ist kein Ausrufezeichen für den gekonnten Obstbaumschnitt.

Aber kann man etwas anderes erwarten in einem Land, das auf Ackerbau und Viehzucht setzt, in einer Zeit, die schnelles Geld für schnellen Fun fordert? Die Prioritäten liegen woanders, nicht auf dem Obstbau und dessen Verwertung in einer professionellen Weise und auch nicht auf einer Liebhaberei, die sich mit Wachstum, Pflege und langjährigen Entwicklungen auseinandersetzt. Obst ist nicht Gegenstand einer hingebungsvollen Beschäftigung, sondern Ware, die beim Lebensmitteleinkauf erstanden wird.

Die Salzburger Situation ist insofern eine besondere, weil es im ganzen Bundesland keinen nennenswerten Erwerbsobstbau gibt. Der Obstbau war und blieb hierzulande immer bäuerlich organisiert. Die Obstbäume im Hausgarten sind eine private Angelegenheit, ganz individuell gestaltet. Auch die Schreber- und Siedlergärten sind lediglich als Sektor der Freizeitgestaltung von Bedeutung. Als Kundschaft sind die Privatpersonen für Baumschulen und Lagerhäuser interessant, dem Obstbau geben sie kaum Impulse.

Berufsgenossenschaften und -verbände gibt es nicht in Salzburg. Die gängige und weitverbreitete Organisationsform ist der Obst- und Gartenbauverein. Aus einer bäuerlichen Tradition entstanden, sind die Vereine im Landesverband der Gartenbauvereine der Landwirtschaftskammer verankert. Auf dieser Ebene lebt die Obstkultur der Gegenwart.

Das Vereinswesen hält eine ca. 100-jährige Tradition aufrecht. Der Landesverband versucht, Bestehendes zu bewahren, Gelingendes zu fördern und Neues zu bewirken. Jahreshauptversammlungen und Fachtagungen sind die strukturgebenden Schwerpunkte seiner Arbeit mit wenigen Mitarbeitern und bescheidenen finanziellen Mitteln.

Das Hauptgewicht in der Landwirtschaft des Bundeslandes liegt sicherlich woanders, der Obstbau ist im Großen und Ganzen nebensächlich und das Betätigungsfeld von ein paar Idealisten. Der bäuerliche Anbau geht immer über die reine Selbstversorgung hinaus und muss um eine Einnahmequelle bemüht sein. Auf den Märkten bieten die Bauern ihre Ware an, beim Obst sind es vor allem die Äpfel, und sie müssen sehr wohl danach trachten, eine gute Ernte einzufahren. Für die Pflege ihrer Bäume ist nicht immer Zeit, es ist meist allzu viel zu tun und der Obstgarten kommt zu kurz. Es wird schon nachgepflanzt und hin und wieder geschnitten. So gut es eben geht und wie man es irgendwann einmal gesehen oder in der Landwirtschaftsschule gelernt hat. Vielleicht hat man einmal beim örtlichen Obst- und Gartenbauverein einen Schnittkurs besucht. Die wenigsten werden in der glücklichen Lage sein, das Wissen eines „alten Profis", des Altbauern oder der Altbäuerin vielleicht, vermittelt zu bekommen. Und wir wissen, es braucht viel Zeit und Geduld, sich das nötige Wissen anzueignen.

Nur ein kleiner Kreis der Bevölkerung fühlt sich berufen, sich mit der Materie auseinanderzusetzen. Aus wirtschaftlichen Überlegungen gibt es keinen Grund dafür, schon gar nicht in Salzburg, wo es keinen Erwerbsobstbau gibt, mit ganz wenigen Ausnahmen, wie z. B. der Beerenproduktion. Wer macht schon eine „Baumwartausbildung"? Gerade einmal 15 Personen im Jahr – nein, alle zwei Jahre – sind es durchschnittlich, die sich zum „Baumwärter" ausbilden lassen. Ich musste meine Ausbildung um ein Jahr verschieben, weil 2007 kein Ausbildungsjahrgang zustande gekommen war. In letzter Zeit ist die Nachfrage wieder stärker. Dieser Trend wirkt sich auch dahin gehend aus, dass wieder eine Pomologenausbildung angeboten wird. Jahrzehnte lang war das kein Thema gewesen. Die neuesten Zahlen sprechen für sich: 12 Interessierte – 8 aus Tirol, 3 aus Salzburg, 1 aus Vorarlberg – meldeten sich beim Landesverband der Baumwärter Tirols für das 1. Ausbildungsmodul, das in Südtirol abgehalten wird. Vor 10 Jahren hatte das letzte Mal eine Pomologenausbildung stattgefunden. 42 Absolventen wies der letzte Baumwärterlehrgang in Vorarlberg aus, 32 waren es in Tirol und immerhin 17 in Salzburg. Im Gegensatz zu Salzburg haben Tirol und Vorarlberg sehr wohl einen gewerblichen Obstbau.

Somit kommt Salzburg über den Status der Liebhaberei und der Selbstversorgung kaum hinaus. Wir befinden uns bedeutungsmäßig im 18. Jahrhundert. Die Obstwiese ist der Spielplatz für Denker und Träumer. Der Bauer hat, wie seine Vorfahren auch, ein paar Obstbäume zur Eigenversorgung, vielleicht zum Schnapsbrennen, schon nicht mehr zum Mostpressen. Im Herbst gibt es öfters Apfelstrudel, Orangen und Bananen werden im Supermarkt gekauft.

Eine sehr originelle Idee zur Vermarktung des Themas „Obst" – angefangen von der Obstlandschaft bis zur kulinarischen Verwertung – hat Niederösterreich kreiert.

Niederösterreich, Land der Birnbäume! Das Mostviertel ist ein Begriff. Man denkt an sanfte Hügel, blühende Obstbäume, Fallobst und grüne Wiesen, man träumt sich in einen schattigen Gastgarten mit Mostkrügen und einer Brettljause vor sich, man sehnt sich nach Seele baumeln lassen und Kulturgenuss. Die Tourismuswirtschaft hat es ausgezeichnet verstanden, seine Obstbäume zu vermarkten.

Eine Million einhunderttausend (1,1 Mio.) stehen herum. Auf 12.900 Hektar Bodenfläche breitet sich diese natürliche Ressource aus und liefert dem Land eine respektable Einnahmequelle.

Zum Vergleich weist Salzburg auf 1.200 Hektar landwirtschaftlicher und nicht landwirtschaftlicher Bodenfläche 100.000 Obstbäume auf. Das entspricht nicht ganz einem Zehntel der Werte Niederösterreichs.

Und weil wir beim Vergleichen sind: Auf 116.000 Hektar stehen 9,3 Millionen Obstbäume in den Streuobstwiesen Baden-Württembergs. Das wiederum ist um sage und schreibe an die 100 mal mehr, als die Bestände in Salzburg aufzuweisen haben. Um den Vergleich deutlicher zu machen, stelle ich der Fläche Baden-Württembergs mit 35.751,46 km² die Fläche Salzburgs mit 7154,23 km² gegenüber, was einem Verhältnis 5:1 entspricht. Baden-Württemberg ist nur fünf mal größer, hat aber fast hundert mal mehr Obstbäume.

Und um das Bild dieser um so viel größeren Zahl an Obstbäumen in seiner ganzen Schönheit vor Augen zu führen, möchte ich anregen, sich vorzustellen, wie lieblich diese Landschaft mit ihren Obstbäumen aussieht. Denn es handelt sich nicht um Baumgärten rund um den Hof, wie in Salzburg üblich, sondern um blühende oder fruchttragende Landstriche in ungeheuer großer Ausdehnung. Stundenlang kann man durch diese Landschaft wandern.

So ist es kein Zufall, dass diese Region heute viel für den Erhalt ihres Schatzes tut. In vielen Gemeinden und in 23 Baum- und Fachwartevereinen, die im Landesverband für Obst, Garten und Landschaft organisiert sind, wird in Ausbildung investiert und der „LOGL-Geprüfte Obstbaumpfleger®" hat einen höheren Bekanntheitsgrad und eine bedeutend bessere Reputation als der „Baumwärter" hierzulande.

Wer bist du schon als Baumwärter in Salzburg? Jemand, der fragend angeschaut wird. „Du passt auf Bäume auf?" – „Ah! Bahnwärter! Bist ein Eisenbahner?" – Oder noch besser: „Baumwärter? So mit Giftspritze und Zwickzange?" Ob Baumwärter oder Baumwart – keine einfache Sache in Salzburg!

Pioniere und Rebellen

„Ich bin ein totaler Rebell", erklärt sich Josef Flieger bei einem unserer Gespräche.

Was ist ein Rebell? Einer, der sich gegen etwas auflehnt. Der mit etwas nicht einverstanden ist und den Status quo nicht hinnehmen will. Der Inhalt ist sachlicher Natur, verbunden damit sind aber starke Emotionen und genau das zeichnet einen Rebellen aus: die emotionale Betroffenheit und das damit einhergehende Sendungsbewusstsein. Denn ein Rebell will sich mitteilen, er will einen Beitrag zur Weltverbesserung leisten. Nicht wegen irgendeiner Kleinigkeit wird man zum Rebellen. Da geht es um mehr, es geht um etwas ganz Wichtiges, etwas, das einem persönlich ganz wichtig ist. Man ist bereit, einen hohen Preis für seinen Einsatz zu zahlen.

Rebellentum hat den Geschmack von Abenteuer, ist bisweilen romantisch verbrämt. Es hat etwas Imponierendes. Es geht über das Alltägliche hinaus. Einiges muss geschehen, dass die Grenze erreicht wird, wo man sagt: So! Jetzt muss was passieren! Es reicht!

Soziologisch betrachtet steht das Rebellentum für ein unbefriedigtes Bedürfnis von Angehörigen einer Gesellschaftsgruppe ohne entsprechenden Einfluss. Aufgrund der fehlenden Macht müssen die herrschenden Spielregeln durchbrochen werden. Dem Rebellentum haftet das Kämpferische an, das Umstürzlerische. Denn die Einflussnahme muss erkämpft werden, wenn sie nicht freiwillig gewährt wird.

Wenn die Verhältnisse sehr gefestigt sind, aber nicht länger ein genaues Abbild der Erfordernisse spiegeln, baut sich ein Druck auf, der nur durch Veränderungen wieder abgebaut werden kann. Das ist ein mehr oder weniger explosiver Vorgang. Es gibt die Kräfte, die den Deckel draufhalten, und es gibt die Kraft, die versucht, den Deckel anzuheben. Der Deckelheber ist der Rebell. Man kann in seiner Rolle auch das Gute sehen: Er verhindert die unausbleibliche Katastrophe, wenn bei steigendem Druck der Deckel drauf bleibt.

Nicht ganz so dramatisch liegt die Sache beim Obstbau, mit dem wir uns ja hier beschäftigen. Aber dennoch, es muss in dieser Angelegenheit etwas aus dem Gleichgewicht geraten sein. Es muss die Notwendigkeit eingetreten sein, etwas zu verändern. Veränderungen passieren allmählich, fast unbemerkt, oder plötzlich und es gibt einen Aufschrei.

Historisch gesehen war die Nachkriegsära von großen Veränderungen geprägt. Wirtschaftlich und damit gesellschaftlich ging es rasant voran.

Josef Flieger wurde als Obstbaumkundiger 1950 aktiv. Zu einer Zeit, als das Land wieder aufgebaut werden musste. Als man sich nach dem Schock des Krieges wieder zu sammeln begann, sollte alles schnell gehen. Die Bereitschaft, große Mühen auf sich zu nehmen, war eine weitverbreitete Tugend. Der Wunsch, eine lebenswerte Existenz zu gründen und wieder ein schönes Leben zu haben, muss ein ungeheurer Antrieb gewesen sein. So stelle ich, der ich 1960 geboren wurde, es mir vor.

Wie drückte sich diese Not- und Stimmungslage im Obst- und Gartenbau aus?

Die Vereine gründeten sich neu. Man kam zusammen, um gemeinsam die Gärten wieder erblühen zu lassen. Ein Ausdruck für den Wunsch, das Leben neu zu ordnen und es sich erfreulich zu gestalten, wurde in den vielen Blumenschmuckwettbewerben sichtbar. Die Landwirtschaftskammer bemühte sich um Strukturen, die den Anbau von Obst und Gemüse förderten.

Der junge Flieger wurde damals, in den 50er-Jahren des vorigen Jahrhunderts, vom leitenden Beamten der Landwirtschaftskammer Hellmut Dreiseitl zum Referenten aufgebaut. In dieser Funktion war Flieger der Wegbereiter eines neuen Verständnisses für die Möglichkeiten, die die Natur dem Menschen bot, um ein gutes Leben führen zu können. Endlich herrschte Friede und der technische Fortschritt schien vieles leichter zu machen. Jetzt ging es ums Anpacken und ums Gestalten. Flieger sprach sich fürs Neugestalten aus, er tat das vehement und publikumswirksam. Er war geradezu ein Verkünder der neuen Möglichkeiten. Im Auftrag einer Agrarlobby, die auf Mechanisierung abzielte, forcierte er die öffentliche Meinung in diese Richtung. Hier war er so lange Pionier, bis er merken musste, welche Folgen eine hemmungslose Mechanisierung und Technisierung der Landwirtschaft mit sich brachte. Schließlich wurde aus dem Pionier ein Rebell, der die jüngsten Entwicklungen der 60er- und 70er-Jahre wieder infrage stellte.

Pioniertat und Rebellentum liegen mitunter nahe beieinander. Gestern noch Avantgarde – heute schon Kritiker derselben. In Fliegers Leben lagen diese Motivstränge oftmals knapp nebeneinander. Wahrscheinlich zeichnet das aber auch einen kritischen Geist aus, der nicht die Wahl hat, in einem beschaulichen Dasein und Dabeisein, ohne zu hinterfragen, dahinzudümpeln. Flieger war immer Denker und bisweilen auch Philosoph, dessen Handeln vom Nachdenken bestimmt war. Erst denken, dann handeln! Dieses Motto scheint dem Umtriebigen Devise zu sein.

„Wer gar zu viel bedenkt, wird wenig leisten“, gab einst Friedrich Schiller, unser großer Dramatiker, Sohn des Pomologen Johann Caspar von Schiller, zu bedenken. Das Zitat von Friedrich Schiller ist im Kontext seiner Zeit zu sehen. Es war die Zeit eines zaghaften Bürgertums, das in Unentschlossenheit verharrte. Die Aufbruchstimmung des revoltierenden Bürgertums stand noch bevor. Schiller war ein Wegbereiter zu diesem Aufbruch, zur Emanzipation von den starren, einschränkenden Herrschaftsstrukturen. Schiller rief auf zur Tat, denn er und seine gebildeten Zeitgenossen hatten genug von der Borniertheit eines dekadenten Adels und von der eingeschränkten Weltsicht einer verkrusteten Wissenschaft im Würgegriff der Kirche.

Aber denken, nachdenken, muss nicht zaudern heißen. Dem Aufruf zum Handeln, der auch aus dem Mund von Flieger zu vernehmen war, gingen Überlegungen voraus. Die Handlungen, die er propagierte, waren durchdacht. Die Überlegungen entsprangen dem Bewusstsein, die Lebensgrundlagen möglichst effizient, nämlich modern, auf neuestem Stand der Technik, zu gestalten. Dieses moderne Bewusstsein, das nach dem Zweiten Weltkrieg seinen Siegeszug antrat, war Ausdruck eines kalkulierenden Denkens. Mit den Folgen des rein kalkulierenden Denkens, das seinen Höhepunkt im Neoliberalismus erreichte, müssen wir uns heute herumschlagen. Ich sage nur: Klimaerwärmung.

Der Philosoph Martin Heidegger unterscheidet zwischen dem kalkulierenden und dem besinnlichen Denken. Beide Arten des Denkens haben ihre Berechtigung. So ist das kalkulierende Denken das „Denken des Managements" und das besinnliche Denken das „Denken der Philosophie". Von Letzterem ist die Rede, wenn wir für eine Kultur des Nachdenkens plädieren, für eine Kultur, die erforderlich ist, um die Fehler und Entgleisungen einer Wirtschafts- und Lebensform, die den Planeten der Gefahr einer Katastrophe aussetzt, wieder zu korrigieren.

Im Gespräch mit Josef Flieger kann ich das besinnliche Denken gut feststellen. Das Philosophische kommt bei ihm immer wieder deutlich zum Vorschein. Das muss auch vorhanden gewesen sein, als er die Auswirkungen der Mechanisierung wahrnahm und erste Zweifel artikulierte. Wohin sollte es führen, wenn der Baum plötzlich als Hindernis für den Traktor galt und das Lebendige dem Rationellen geopfert wurde?

Flieger überwarf sich mit einem Verfechter der alten Schule, mit Bernhard Iglhauser. Iglhauser ist ein Mann mit Rang und Namen im zeitgenössischen Salzburg. Einmal kam von Flieger der Ausspruch: „Keine Titel, Wissen muss man haben." Vermutlich bezog er sich damit auf den Konflikt mit dem Biologen und Juristen Professor Dr. Dr. Iglhauser, der seiner Meinung nach in Sortenfragen zu rückwärtsgewandt war und überkommenen Traditionen anhing. Alte Sorten dürften nicht überbewertet werden, so Fliegers Ansicht, denn wenn sie modernen Anforderungen nicht standhielten und nicht pflegeleicht und ertragreich seien, dann hätten sie keine Berechtigung im Obstbau.

Inhaltlich lässt sich argumentieren, das Für und das Wider. Aber was schwingt emotional mit? Die Sachlichkeit verstrickt sich mit der Ideologie.

In dieser Kontroverse wirft Flieger Iglhauser vor, einem Dogma aufzusitzen. Er, Flieger, lehnt es ab, eine althergebrachte Meinung zu übernehmen, die neueren Erkenntnissen nicht standhält. Aus dieser Haltung leitet Flieger für sich die Selbsteinschätzung ab, ein Rebell zu sein, einer, der das Fahrwasser der Tradition verlässt und widerspricht.

Die Stellung von Josef Flieger in der lokal eingegrenzten Fachwelt, die im Bundesland Salzburg und vielleicht noch in Tirol angesiedelt ist, ist gefestigt und genießt hohe Anerkennung. In Fachkreisen weiß man, was man ihm zu verdanken hat. Die langjährige Beschäftigung mit dem Obstanbau, seine Tätigkeit im Obst- und Gartenbau hinterließ Spuren. Bemerkenswert ist, dass es kaum Publikationen seines Wissens gibt. Flieger selbst hat bis heute nichts Schriftliches weitergegeben, zumindest nichts, was veröffentlicht wurde. Er machte für sich selbst Notizen und schrieb Gedanken nieder, aber das war für seine Schublade.

Die Ausnahme macht die Regel. Ein kleines, schmales Dokument seiner Mission liegt vor, von ihm persönlich verfasst. Anlässlich des Abschlusses eines Schnittkurses in Obertrum im Jahr 1986 vermachte er den Absolventen eine kurze Zusammenfassung des Gelehrten.

Flieger hatte nicht den Ehrgeiz, sein Wissen schriftlich zu verarbeiten. Er hatte andere Pläne, die sein Tun bestimmten. Erst war er der unermüdlich Vortragende, dann richtete er seine ganze Kraft auf die Errichtung und Erhaltung seines Versuchsgartens.

Zum Widersprechen gehört ein Widerspruchsgeist, das macht man nicht einfach so. Erst, wenn zur sachlichen Argumentation das Bedürfnis nach Veränderung hinzukommt, entsteht Rebellentum. Da ist der Wille zur Alternative, der Drang nach Erneuerung, genährt von einer persönlichen Unzufriedenheit und Betroffenheit.

Das Persönliche ist das Entscheidende. Ein Rebell sieht sich in einer Sackgasse angelangt, er sucht nach einem Ausweg. Jetzt muss es anders werden. Die historischen Prozesse sind langatmig, gesellschaftliche Entwicklungen verlaufen allmählich. Der Rebell ist ein Katalysator, er kommt zum Zug, wenn die Dinge eine Beschleunigung brauchen.

Das ist die gesellschaftliche Funktion des Rebellen. Seine Bedeutung für die Allgemeinheit liegt in der ruckartigen Umsetzung von längst erforderlichen Anpassungen an veränderte Umstände. Auch wenn er dabei auf Widerstand stößt. Ja, ohne

Kampf kein Rebellentum. Wären die Vorschläge zur Veränderung nur willkommen, hätten wir einen Messias, träfen die neuen Ideen auf Zustimmung bei der Allgemeinheit, hätten wir einen Reformator. Aber der Rebell muss kämpfen, er muss ankämpfen gegen fest verankerte Gedanken und erfährt erst einmal Ablehnung.

Ablehnung und Zustimmung sind polarisierende Kräfte, die dazu beitragen, einen Mythos zu schaffen. Im Mythos lebt die Ungewissheit fort, ob das so beherzte Eintreten für eine Sache richtig oder falsch war. Die Geschichte hat längst entschieden, der Stand der Technik beurteilt die einstige Streitfrage. Aus dem einstigen Rebellen wird ein Mann mit Vorausblick oder ein Spinner.

Der Remstal-Rebell Helmut Palmer hat es geschafft. Seine Verdienste sind unbestritten, sofern man die Bedeutung des Oeschbergschnitts nicht gänzlich in Abrede stellt. Die Fachwelt hat den Schritt vollzogen, die Leistungen von Hans Spreng und Helmut Palmer anzuerkennen. Die Schnittmethode trägt in gewissen Publikationen sogar seinen Namen, es ist die Rede vom „Palmerschnitt".

In der Onlineausgabe einer schwäbischen Lokalzeitung vom 1. Februar 2012 fand ich eine bemerkenswerte Äußerung zum Thema. Unter der Überschrift: „60 Jahre Palmer-Schnitt: Die Aufregung hat sich gelegt" stand Folgendes geschrieben:

„Die große Kunst ist, den Baum dazu zu bringen, dass er mir hilft. Und er hilft mir, wenn er Früchte trägt": Auf diesen Nenner bringt Helmut Däuble den Obstbaumschnitt. Der Baumwart aus Eckenweiler („über siebzig") betreut einige Tausend Obstbäume. „Den besten Schnitt gibt es nicht", sagt er. „Jeder hat seine eigene Methode." Seine ist an Helmut Palmers Öschbergschnitt angelehnt: Drei Leitäste („wie ein Mercedesstern") und eine Mitte. Diese kommt noch aus dem Altwürttemberger Schnitt, der um diese starke Mitte herum in mehreren Etagen Leitäste gezogen hat. Nach Palmers Ansicht macht man so alles falsch, was man machen kann: Als Trauerweiden und Elefantenrüssel beschimpfte der 2004 Verstorbene solche Bäume und ihre Baumwarte in den Ämtern und Obstvereinen noch kräftiger.

Helmut Palmer sei durchaus noch gegenwärtig, die Grabenkämpfe seien aber ausgestanden, sagt Joachim Löckelt, der Obstbauberater des Tübinger Landratsamts. Seine Aufgabe sieht er darin, vermittelnd einzugreifen. Der Öschbergschnitt wird auch in seinen Kursen gezeigt.

„Nehren (eine Region im Landkreis Tübingen, meine Anm.) war immer Anti-Palmer", sagt Norbert Saur, der Vorstand des dortigen Obstbauvereins. Aber auch er hat in den vergangenen Jahren Palmers Öschbergschnitt probiert. Und siehe da: Es funktioniert. „Nicht mehr runterputze wie eine Trauerweide" ist Saurs Devise.

Der Mensch Palmer eckte oft an. Die amtliche Öffentlichkeit hatte große Probleme mit ihm. Oder muss ich sagen, er mit ihr? Palmer wurden zahlreiche Übertretungen angelastet, Beleidigungen gegen Vertreter von Gesetz und Ordnung, die ihm Gerichtsstrafen und sogar Gefängnisaufenthalte einbrachten.

Pädagogisch dürfte er nicht sehr begabt gewesen sein oder einfach nicht bemüht genug. Seine Maxime sei gewesen: „Höret gut zu, dann müsst ihr nicht so viel und blöd fragen."

Seine Familie litt unter dem rücksichtslosen Sendungsbewusstsein, das ihn kompromisslos antrieb. Sehr aufschlussreich und erhellend ist ein Zeitungsartikel aus dem Jahr 2006, auf taz.de nachzulesen. (Siehe Kapitel: Obst und grünes Denken)

Es gibt Gewinner und Verlierer bei den Pionieren, bei den Rebellen noch viel mehr. Auf der Gewinnerseite stehen die Adepten und Gesinnungsgenossen und -genossinnen, das ganze Fachpersonal, die redlich um Erkenntnisse und Fortschritt Bemühten.

Verlierer sind wohl oder übel die engsten Angehörigen, diejenigen, die die großen Anstrengungen des Pionier- und Rebellentums mittragen müssen, ob sie wollen oder nicht. Es ist verdammt hart, ein großer Pionier zu sein. Noch härter scheint es den großen Rebellen zu erwischen. Ruhm und Ehr' dem Pionier – Wut und Groll trifft den Rebellen. So kann es einem ergehen, trotz übermenschlicher Anstrengungen. Der Preis, der zu zahlen ist, ist oftmals Einsamkeit und Unverständnis, die erst post mortem in Anerkennung wechseln.

Die engsten Angehörigen haben die Last der Anstrengungen mitzutragen. Die üble Laune des Rebellen, die Fehlzeiten des Unermüdlichen, die drohende Verarmung oder die gesellschaftliche Ächtung. Die Opfer des Heldentums, die von den direkt und indirekt Beteiligten zu erbringen sind, waren schon immer gewaltig, auch wenn sie gerne übersehen werden.

Ein Pionier wie er im Buche steht – so auch in diesem – war John Chapman, genannt Johnny Appleseed. Er lebte in einer Zeit und an einem Ort, wo fast jeder ein Pionier war. Es war die Zeit der Siedler in Nordamerika im 19. Jahrhundert. Was diesen Chapman auszeichnet, war die geniale Idee, für das Glück der draufgängerischen Landnehmer mit einem kleinen, aber nicht unbedeutenden Mittelchen zu sorgen. Er lieferte die Grundlage für die billige Herstellung von Alkohol in seiner trinkbaren Form. Most lässt sich ohne aufwendige Gerätschaften mit einfacher Technik herstellen. Alles, was man braucht, ist ein winzig kleines Stück Natur, einen Apfelkern. Und Land, weswegen man ja hinkam. Dann passiert erst mal alles von selber und schon hat man Äpfel, wobei es auf die Qualität nicht ankommt. Der gepresste Saft ist schnell hergestellt und bald vergoren, dessen berauschende Wirkung wird allseits geschätzt. Johnny war der Held, weil er die Apfelkerne brachte. Er hatte immer welche in seinen Taschen und wurde dadurch berühmt. In Teilen der USA feiert man noch heute den Johnny Appleseed Day.

Chapman (1774–1847) gilt als ökologischer Pionier, weil er die Apfelbäume in den Mittleren Westen brachte, sie dort in großer Zahl pflanzte und somit den Weg bereitete für eine lange Tradition des Obstbaus. Das sind historische Fakten. Als Appleseed wurde er zu einer Figur der nordamerikanischen Folklore, ein amerikanischer Dionysos, die durch Walt Disney sogar in die Filmindustrie Eingang fand. Legenden und Geschichten ranken sich um seine Person, oft mit kuriosem Beigeschmack. So soll er stets einen blechernen Kochtopf auf dem Kopf getragen haben und, wie gesagt, seine Hosentaschen waren immer mit Apfelkernen gefüllt.

Pioniere geraten zu Lebzeiten schnell in ein schiefes Licht und man begegnet ihnen mit Ambivalenz. Bewunderung und Misstrauen verstellen einen vorurteilsfreien Blick. Erst posthum klärt sich die Sicht und die Menschheit – der interessierte Teil davon – fällt ein Urteil, das allerdings nicht immer einhellig ausfällt. Falls sie, die Menschheit, Nutzen aus den Taten und Tätigkeiten des einstigen Pioniers zieht, bleibt zumindest ein gewisses Maß an Anerkennung. Andere Pioniere verschwinden in der Bedeutungslosigkeit, ein häufiges Schicksal. Leicht wird es keinem gemacht.

Oft haben die Pioniere etwas Skurriles. Man weiß nicht recht, wie man mit ihnen dran ist, wenn man sie hautnah erlebt. Das war sicher mit dem Kochtopf tragenden Hänschen Apfelkern auch so. Für diesen Typus gibt es Beispiele in nächster Nähe, jeder kennt sie, jene Charaktergestalten.

Wer lernte ihn kennen, jenen großen, hageren, jungen Mann mit den köstlichen Tomaten und den umwerfend geschmackvollen, reifen Brombeeren auf seinem Verkaufsstand auf dem Schrannenmarkt? Ein vor Tatendrang sprühender, von Geschäftssinn durchdrungener, mit seiner fruchtigen Ware lebender Naturbursche! Er war einer der Ersten in den 80er Jahren des vorigen Jahrhunderts, der „Bio“ anbot. Auch wenn er keinen Kochtopf trug und keine lautstarken Botschaften über den Platz schmetterte, war er dennoch auffallend genug, um in Erinnerung zu bleiben. Nicht nur wegen seiner Körpergröße. Insbesondere wegen seiner Ausstrahlung, die glaubwürdig vermittelte: Seht her, meine Früchte, sind sie nicht etwas ganz Besonderes, keine Massenware, von mir, mit meinen Händen aus dem Garten der Natur gewonnen. Mit hohem Arbeits- aber keinem Pestizideinsatz!

Die Rede ist von Christian Müller. Unter „Pionier“ verstehe ich so einen wie ihn. Einen, der am Beginn steht. Einen, der besticht durch Tatkraft und Originalität. Christian stand am Markt und präsentierte ein Angebot, das gab es zu dieser Zeit an keinem anderen Marktstand. Beeren in einer Menge und in einer Güte, so kannte man das nicht. Vollreife Brombeeren, große Himbeeren. Als Frucht zum Frischverzehr und in Gläsern und Flaschen als Marmelade und als Likör.

Angefangen hatte er mit dem Verkauf von Gemüse. Im Garten seiner Großmutter zog er in kleinen Mengen Gemüse verschiedener

Sorten. Der gelernte Gärtner tat das einzige, was er konnte und tun wollte. Weil er interessiert, ja begeistert war und weil er selbstständig sein wollte. Die Pflanzen hatten es ihm angetan. Wie aus einem Samen Leben entsteht, das wächst und Früchte gibt. Von diesem Vorgang war er schon als Kind fasziniert. Als er eines Tages auf dem Balkon entdeckte, dass das zu Boden gefallene Vogelfutter keimt und Leben entstehen lässt, nahm alles seinen Lauf. Ähnlich wie bei Josef Flieger, der als Bub Brennnesselversuche anstellte, bildeten die Erfahrungen der Kindheit den Grundstein für die botanische Karriere. Christian züchtete mit dem Nachbarjungen um die Wette Sonnenblumen. Wer hat die größere, welche hat die meisten Blätter?

Die Mutter erkannte das Talent und die Leidenschaft ihres Sohnes und schickte ihn auf die Fachschule für Gartenbau nach Langenlois. Christian besuchte die Fachschule von 1977 bis 1981 und machte seinen Abschluss im Sektor Obstbau, Baumschulwesen und Gartenbau. Langenlois? Wer war in Langenlois? Ach ja, der Flieger! Wieder eine Gemeinsamkeit zwischen Christian Müller und Josef Flieger. Und in beiden Lebensgeschichten ist das Pionierhafte so stark ausgeprägt. Ein Zufall? Was sonst!

Der Schulabgänger war hoch motiviert. Schon während der Ausbildung hatte er in der Baumschule Mayer gearbeitet. Jeder war begeistert vom anderen, Christian vom jungen Mayer, der seinen Betrieb nach dem „holländischen System“ organisierte – sehr sauber, sehr akkurat, sehr strukturiert – und der junge Mayer von Christian, der so verbissen und fleißig war. Jetzt musste der junge Erwachsene aber zum Bundesheer. Anschließend arbeitete Christian bei Gartengestaltung Rack und nach weiteren zwei Jahren kurze Zeit in der Gärtnerei Trapp und dann bei Gemüse Greilinger. Christian sammelte Erfahrung.

Der Keim einer Idee war schon lange in ihm angelegt Der Keim reifte, die Idee wurde größer und stärker. Christian wollte immer frei sein, unabhängig, selbständig. Auch wenn er nichts hatte, keinen Hof, keinen Acker, keine Wiese, er versuchte es dennoch. Er hatte ein Fleckchen Erde, das er in Maxglan bei seiner Großmutter bestellen durfte. So fing alles an. Sehr bescheiden. Aber bald schon stand er mit ein wenig Gemüse auf der

Schranne. Sein Marktstand war nicht mehr als ein Brett auf zwei Gemüsekisten. Die Arbeit im sicheren Dienstverhältnis hatte er getauscht für ein Leben voll Ungewissheit. Nur, das Gefühl stimmte!

Ein Pionier muss einen Weg gehen, der unbekannt und ungewiss ist, möchte man meinen. Ein Pionier ist ein stolzer Mensch, der nach seinen Überzeugungen leben will. Pioniere haben schon was Heldenhaftes.

Der nächste entscheidende Schritt im Leben des Christian Müller war die Pacht von 2000 m^2 Grund. 2000 ist nicht viel. Aber es sollte ihm reichen, einen Gedanken Wirklichkeit werden zu lassen, der ihm seit der Zeit in der Baumschule Mayer nicht mehr aus dem Sinn gegangen war. Stachellose Brombeeren! Stachellose deshalb, weil solche zum damaligen Zeitpunkt nahezu unbekannt waren. Brombeeren, weil er die schon als Kind heiß geliebt hatte. So wie er es gehasst hatte, die Hände immer von den Stacheln aufgerissen zu bekommen. Sein neues Projekt war teils die Erfüllung eines Kindheitstraums, teils die Herausforderung des Betretens von Neuland. Und eine Möglichkeit, seine Unabhängigkeit auszuweiten.

Da die Aufzucht von Brombeeren mindestens drei Jahre bis zur ersten gewinnbringenden Ernte in Anspruch nimmt, nutzte er sein neues Land zur Anzucht von Tomaten. Damit hatte er auf Anhieb großen Erfolg. In den nächsten Jahren erwarb er den Titel „Bio-Tomaten-König“. So wohlschmeckend waren seine Paradeiser.

Apropos „bio“. Christian bot Biogemüse an, da wusste man noch gar nicht recht, was mit „bio“ gemeint war. Weil er niemals Pflanzenschutzmittel verwendete, keine Fungizide, Herbizide, Pestizide, nur auf Saatgut, Bodenbeschaffenheit und Ernährung seiner Pflanzen achtete, wurde er darauf aufmerksam gemacht, den Kontakt zum Biobauernverband zu suchen. Und weil sein Wohnungsnachbar der Geschäftsführer des Verbands Bio Austria war, war die Verbindung schnell hergestellt. Und schon erhielt er die Nummer 0045 und war Mitglied. Der 45. im Bundesland. Viele waren es damals noch nicht.

Mit den Brombeeren konnte er gerade mal die ersten Ergebnisse seiner anfänglichen Versuche erzielen, da bot sich für ihn die Gelegenheit, unweit seines kleinen Grundstücks ein viel größeres Stück Land in Pacht zu nehmen. In Elsbethen wurde ihm ein ganzer Hektar angeboten. Bauernland, das niemand haben wollte. Zu steil, westseitig, ungünstige Zufahrt. Bestens geeignet für seine Brombeeren, die sicher keine Staunässe vertragen, deshalb die Hanglage schätzen und hier ausreichend Sonne erhielten. Christian übersiedelte und fand hier sein Glück. Seine Brombeeren wuchsen vortrefflich, vieles gelang und den Durchbruch schaffte er mit der Umstellung auf Permakultur. Der Verzicht auf den Einsatz chemischer Substanzen und fossiler Brennstoffe, der Kreislauf als Prinzip des Lebens, das Befolgen der Gesetze der Natur, das alles führte zu einer konsequenten Lebenshaltung, die ihren Ausdruck in der Hinwendung zur Permakultur fand.

Wir befinden uns am Ende der 80er, zu Beginn der 90er Jahre des vorigen Jahrhunderts. Da war selbst ein Sepp Holzer, der Agrarrebell, noch nicht so bekannt. Ein Biobauer, der Permakultur betreibt – geht's denn noch eigensinniger? Dabei gibt es auch ganz profane Deutungen der Entwicklungen, die für Christian so entscheidend waren. Spritzmittel kamen für ihn deshalb nicht in Frage, weil seit jeher ein Unbehagen gegen alles Chemische bestanden hatte und weil er sich schwer tat, all die komplizierten Namen der Substanzen in der Fachschule zu erlernen und im Gedächtnis zu behalten. Mit der Permakultur schien er einen Ausweg zu sehen, denn die Steilheit seines Geländes ließ die Verwendung von Maschinen nicht zu. So, wie die Not erfinderisch macht, macht sie aus dem Ochs vor dem Tor einen Pionier. Und nicht alles, was hinkt, ist ein Vergleich.

Vom Pionier ist es nicht weit zum Rebellen. Denn wenn eigene Überzeugungen auf Einstellungen treffen, die man vehement ablehnt, muss man sagen: Stopp! Da mache ich nicht mit! Der Pionier traut sich was, der Rebell noch mehr. Es kommt das Sendungsbewusstsein dazu, das gebietet das Aufbegehren. Christian Müller stellte sich gegen die Bio Austria, nahm Stellung gegen den Verband in der Zeitung und im ORF. Stein des Anstoßes war die Kastration von Schweinen, die auch von Biobauern ohne Betäubung durchgeführt wurde. Genauso wie die

Enthornung von Kühen. Dieser kontroversiell geführten Debatte setzte Christian mit seinem Austritt aus dem Verband ein Ende.

Geistigen Rückhalt fand Christian auf seinem Lebensweg oft auch in Büchern. Von besonderer Bedeutung war der US-amerikanische Professor Scott Nearing (1883-1983), der in seinem sozialen Engagement die vorgegebenen Regeln des Wissensbetriebs sprengte, ausstieg und sich auf eine Farm zurückzog, auf der er abgeschieden und autark lebte. Autoren, die über Permakultur schrieben, kamen aus Japan und Australien. Wie gesagt, Sepp Holzer wurde erst ein Jahrzehnt später bekannt.

Der Ausstieg aus dem Bauernverband führte bei Christian zu einem Überdenken seiner Lage. Sein Arbeitstag endete um 1 Uhr morgens und begann um 4 Uhr früh auf dem Markt. Seine Produktionsweise war ein intensiv gestaltetes Kunstwerk aus Improvisation und Plackerei. Seine finanziellen Mittel waren immer begrenzt. Kaum abgesichert und bar jeglicher Vorsorge, ausgesetzt den Launen der Natur, nur Arbeit und wenig Freizeit – und dann eine Grippe! Christian hatte im hinteren Wiestal einen kleinen Bauernhof erworben, auf den zog er sich vor ein paar Jahren zurück, nahm eine Anstellung beim Maschinenring an und gab sein „Beerenland“ an den Verein Erdlinge, einer gemeinschaftlich produzierenden Landwirtschaft, weiter. Ob es das Ende seiner Pioniertaten ist? Man wird sehen, was er da hinten im Wiestal noch alles zuwege bringt.

Im thematischen Zusammenhang dieses Buches komme ich auf einen Obstbauern zu sprechen, den ich als sogenannter „Zuagroaster“ am Beginn meiner pomologischen Karriere, noch bevor mir der Name Flieger etwas sagte, kennenlernte. Als ortsunkundiger Bergheimer war ich viel mit dem Fahrrad unterwegs und kam bei einer meiner Fahrten auf einem Nebenweg an einem Garten vorbei. So was hatte ich noch nie gesehen! Auf einem großen, umzäunten Grundstück standen nicht nur Obstbäume, sondern auch Statuen, viele lebensgroße Statuen! Und jede Menge eigenartiger Gebilde, Wagenräder, farbig gestrichene Eisenteile, gelbe Kirchturmspitzen, blaue Fenstergitter, zu einer Pferdeskulptur zusammengeschweißte Hufeisen mit grauem Anstrich, posaunende Engelsfiguren, grotesk gerahmte Altarbilder, verschiedene Sonnenplastiken, grell gelb, ein Arrangement aus Kuhhörnern, unglaubliche Sachen.

Staunend stand ich vor dem Holzzaun und betrachtete die Ansammlung an Kuriositäten. Wer machte denn so was? Hier, mitten im Ort. Ein ebenso farbenfroh lackiertes, metallenes Ross richtete sich vor mir auf seinen Hinterfüßen auf und wieherte mich an. Lachte es mich aus?

Zwischen den Obstbäumen grasen Schafe. Sie scheinen unbeeindruckt von ihrer Umgebung oder sie ist ihnen so vertraut, dass sie keinen Blick mehr für sie haben. Erst jetzt nehme ich das wahr, was eigentlich in so einem Garten steht, was üblicherweise und eher ausschließlich hier hingehört: die Obstbäume. Es ist Spätsommer und deshalb sind die Bäume voll mit ihren Früchten. Mir wird bewusst, dass besonders schöne Früchte daran hängen, große, gelbe Äpfel, rot leuchtende Äpfel, braune und grüngelbe Birnen, wieder gelb-rot gestreifte Äpfel in einer ganz breiten Krone und noch mal gelbe Früchte weiter hinten, vielleicht Quitten. Meine Bewunderung gilt jetzt den Bäumen. Da ist ja ein Nussbaum, der mit starken Ästen alles überragt! Die Kirschbäume weiter hinten sind auch sehr stattlich, wunderschön. Das Grün in seinen Schattierungen ist bei Weitem die dominierende Farbe, die Lackarbeiten und die Früchte machen dieses Gesamtkunstwerk fröhlich bunt.

Es steht kein Haus auf diesem Grundstück, nur eine alte Holzhütte und ganz am anderen Ende der Unterstand für die Schafe. Es bleibt mir ein Rätsel, welche Besitzverhältnisse hier vorliegen. Handelt es sich um ein landwirtschaftliches Anwesen? Ist der Garten der Besitz eines Künstlers? Eines kunstsinnigen Bauern oder eines naturverbundenen Kunstschaffenden? Eine große Sammelleidenschaft zeichnet ihn – oder auch sie, wo denk ich denn hin? – auf jeden Fall aus. Und eines ist gewiss: Er oder sie versteht etwas von Obstbau.

Ein paar Tage später stieß ich in einer regionalen Zeitung auf einen Artikel, der mir sofort ins Auge sprang. Genau jenes aufsteigende, wiehernde Pferd war auf einem neben dem Artikel platzierten Foto abgebildet, hinter dem Pferd waren die reich tragenden Obstbäume zu sehen. Daneben stand ein betagter Mann, klein von Statur, verschmitzt in die Kamera grinsend. Auf dem Kopf – nein, kein Kochtopf – ein kleines, grünes, nach vorne spitz zulaufendes Hütchen, zerzaustes Haar quoll darunter hervor. Die Bildunterschrift gab Aufschluss, um wen es sich handelt: Franz Göllner, Huberbauer in Bergheim.

Der Zeitungsartikel war das berührende Porträt eines unkonventionellen Mitmenschen. Franz Göllner, so stand geschrieben, war über 40 Jahre lang Obmann des Obst- und Gartenbauvereins Bergheim. Auf seinem Anwesen mitten im Dorf hatte er einen großen Obstgarten errichtet und gepflegt. Diesen Garten hatte er im Laufe der Jahre in eine Art Freiluftmuseum und Kuriositätenkabinett verwandelt. Seine Sammelleidenschaft und sein Sinn für Außergewöhnliches ließen eine Unzahl von originellen Gegenständen aus der Werkstatt der Natur und aus den unterschiedlichsten Werkstätten von Künstlern und Handwerkern zusammenkommen. Die Anordnung der Gebilde wirkt auf den Betrachter chaotisch, nur Göllner selbst kennt vermutlich die dahinter stehende Idee und den Plan, nach dem er vorgeht.

Was auch immer die Absichten dieses Mannes sein mögen, man kommt nicht umhin, sein Werk zu bestaunen. Wie ein Schausteller auf dem Jahrmarkt zeigt er seine Absonderlichkeiten und lässt das Publikum mit offenem Mund zurück. In mir entsteht spontan der Wunsch, diesen Menschen kennenzulernen.

Erst Monate später, im darauffolgenden Winter, war es so weit. Ein Virus hatte mich befallen, der Virus der Gehölze, genauer diagnostiziert der Schnittvirus. Meine Frau hatte mir ein Buch geschenkt, das in herrlichen Bildern und mitreißendem Text die Kunst der Schnitttechnik von Gehölzen vermittelt. „Das große Buch vom Pflanzenschneiden" (David Joyce) faszinierte mich ungemein. Der Formschnitt von Ziergehölzen wurde in abenteuerlichen Variationen dargestellt. Die Ausführungen zum Schneiden von Obstgehölzen waren geradezu überwältigend. Mir selbst bleibt es bis heute ein Rätsel, was mich in den Bann zog. Ich muss gestehen, dass ich nicht verstehe, warum ich in tranceähnliche Zustände verfalle, wenn ich im Baum stehe und ihn schneide. Ich weiß es nicht und bemühe mich auch nicht um eine psychologische oder sonstige Klärung. Es ist so, ich nehme diese Eigenart zur Kenntnis und bin um ein Höchstmaß an Korrektheit und Sinnhaftigkeit in meinem Tun, auf die Baumgesundheit achtend, bemüht. Der Natur fühle ich mich verpflichtet.

Aber zurück zum Göllner. Ich brauchte Edelreiser und kannte niemanden, bei dem es welche zu holen gab und der mir außerdem die nötigen Tipps geben konnte. Zwar hatte ich in besagtem Buch gelesen, dass Edelreiser die Voraussetzung zum Veredeln sind, und wusste, dass man die im Winter schneidet, aber mehr auch nicht. Mir fiel die Zeitungsgeschichte vom ehemaligen Obmann des Obst- und Gartenbauvereins ein. Da ich diesen Herrn ohnehin kennenlernen wollte, bestand jetzt Anlass, mein Vorhaben in die Tat umzusetzen und damit zwei Fliegen auf einen Streich zu fangen.

Die Situation hab ich noch gut vor Augen. Der alte Göllner und ich stehen bei heftigem Schneetreiben an einem Jännertag vor einem Apfelbaum in seinem Garten. „Dann nehmen wir da was vom Kronprinz Rudolf. Und da vom Ontario. Und noch was vom Oldenburg." Der Göllner sprach's und schnitt passende Triebe von den genannten Bäumen. Er unterwies mich in der richtigen Lagerung der Edelreiser und wünschte mir viel Erfolg.

Der Erfolg stellte sich tatsächlich ein. Ich war mächtig stolz auf mich, dass der erste Versuch der Veredelung, eine Propfung hinter die Rinde, wirklich klappte. Mein Versuchsobjekt war ein wild gewachsener Apfelbaum am Waldrand. Ist es nicht unglaublich, dass ich in den letzten zwei Jahren eine Ernte von Ontario- und Oldenburgäpfel hatte? Das Kronprinz-Rudolf-Reis war nicht angewachsen.

Franz Göllner verdanke ich noch mehr als die köstlichen Äpfel, die ich mir vom Waldrand holen kann. Aus der ersten Begegnung war eine Verbindung entstanden, die über das obstbauliche Interesse hinausgeht. Das liegt daran, dass Göllner viel mehr als Obstbäume im Kopf hat. Sein Denken dreht sich viel um den Zustand der Natur, der aufgrund der menschlichen Einflüsse nicht der allerbeste ist. Das stete Sinnen und Trachten dieses alten Mannes rankt sich um Möglichkeiten der Verbesserungen des Verhältnisses des Menschen zur Natur. „Zurück zur Natur“ im rousseauschen Sinn ist ihm, nach eigener Aussage, ein Anliegen. Träumereien und Wunschvorstellungen werden bei ihm zu konkreten Plänen. Er ist kein Fantast, nicht nur, er formuliert Ideen und gibt Anleitung zur Umsetzung. Er macht sich Gedanken, er entwickelt Ideen und setzt sich Projekte in den Kopf, die er versucht, hartnäckig voranzutreiben. Da ist zum Beispiel die fixe Idee von der „Durchgrünung des Dorfbildes“. Er, der Naturliebhaber und -schützer, sieht die Bedrohung der Bäume im Siedlungsraum. Bäume werden verstümmelt oder umgebracht, weil sie durch ihr Baumsein lästig sind, im Weg stehen oder sonst wie ein Hindernis für die Absichten des Menschen darstellen, als Hindernis für Rasenmäher und Traktor. Diese Vorgehensweise führt ein Veröden der Landschaft mit sich, ein Vergrauen und Verkümmern in den Dörfern. Dem möchte er mit Neupflanzungen entgegenwirken, am liebsten mit Pflanzungen Salzburger Wildgehölze. Früher, als er noch besser bei Kräften war, war er auch selbst zur Tat geschritten. Am Plainbach, in der Nähe der Bröselkapelle, setzte er mehrere Lärchen. Genau dort möchte er fortsetzen und die Uferböschung bepflanzen, mit Hasel, Weißdorn, Erlen, Schlehen. Und genau dort treffen wir uns mit unseren Absichten, er, der ambitionierte Geist mit Sendungsbewusstsein, und ich, der grüne Gemeindemandatar. Die Renaturierung des Plainbaches, dieses jämmerlichen Kanals, der einst ein Bächlein war, wie ein Bächlein sein soll, ist Inhalt eines Konzepts, das hilft, ein Stück Natur zurückzugewinnen, und damit die Absicht verknüpft, die Mobilität der Dorfbewohner mit einem Radweg entscheidend zu verbessern, um endlich eine effiziente West-Ost-Achse im Radwegnetz der Gemeinde zu schaffen. Ein wunderschönes Naherholungsgebiet und die Verbindung zweier, derzeit nur im Autoverkehr erreichbarer Gemeindegebiete wären möglich.

Die Pionierleistung von Göllner besteht darin, dass er seit Jahren und Jahrzehnten öffentlich für den Naturschutz eintritt und auftritt, sei es in Form von publizistischen Veröffentlichungen in lokalen und regionalen Blättern, sei es in seiner Funktion als Vereinsobmann, sei es als Privatmann, der seine

Stimme bei Versammlungen erhebt. In der Weise, dass er oft alleine dastand mit seinen Ansichten. Aber das ist wohl das Schicksal von Pionieren.

Göllner – Salzlechner – Flieger: meine Helden, meine Pioniere! Meine persönlichen Leuchttürme im privaten Küstengebiet, meine Wegweiser im Neuland!

Göllner, der Unkonventionelle, der heimliche Künstler und Kunstsinnige, der ehrliche Grüne. Im Tarot entspricht er der Figur des Narren (der nichts mit einem Narren im umgangssprachlichen Sinn gemein hat).

Franz Göllner, mit einem Marktwagen von anno dazumal

Salzlechner, der Kompromisslose, der Konsequente, der Besessene – („Er ist ein Fanatiker!“, merkt Josef Flieger trocken an) –, der „wilde“ Meisterliche. Er ist der Magier in der Kartensprache.

Flieger, der Unermüdliche, der Erfahrene, der weise Altmeister. Der Hohepriester des Tarot stellt die Entsprechung dar.

Pionierblut rinnt in ihren Adern. Alle drei wollten einmal etwas anderes, versuchten Neues. Einer von ihnen, Andreas, steckt mitten drinnen im Umbruch, in der Erneuerung, in der Formgebung eines neuen Verständnisses von der Behandlung des Obstbaums. Konsequent geht er seinen Weg und er macht keinen Hehl daraus, was er von überholten Schnittmethoden hält: Schluss damit! Erziehung bedeutet, ein starkes Gerüst aufbauen. Diesem Gebot ist in den ersten Lebensjahren des Obstbaums alles andere unterzuordnen, angefangen mit dem Pflanzschnitt, fortgesetzt mit einem vier, fünf, sechs und sieben Jahre dauernden Erziehungsschnitt. Der Aufbau von drei oder vier starken Leitästen bei den freien Kronenformen ist in der Anfangsphase das absolut Wichtigste, das Um und Auf der Kronenerziehung, meint er mit Bestimmtheit. Alle Kraft den Leitästen, in ausgewogenem Verhältnis zur Mitte. Erst kommt das Gerüst, dann die Frucht. Die Spindel verlangt genauso ihren zweckentsprechenden Aufbau, nicht mit Leitästen, aber mit wunderschön garnierten Fruchtästen. „Die Spindel ist wie ein Christbaum“, sagt Andreas, „alles nur Fruchtholz!“ Das Steilstehende muss weg, gleich am Beginn der Erziehung. Andreas duldet keinen problematischen Astansatz von potenziellen Schlitzästen, nicht in der Pyramidenkrone, schon gar nicht in der Spindel, wo ohnehin nur eine flache Aststellung erwünscht ist. Andreas ist ein Meister seines Fachs, absolut überzeugend in seinem Auftreten. Einen Baum liest er in Windeseile, erkennt seinen Wuchs mit den Stärken und den Schwächen, sieht Fehlstellungen und Abweichungen von der Idealform. In seinen Entscheidungen ist er schnell und handelt, wenn ein anderer – so wie ich zum Beispiel – noch überlegt und abwägt. Seine Sicherheit ist wirklich beeindruckend.

Andreas ist weniger der Rebell. Er schert sich nicht um ein Drumherum, er hat nur den Baum im Kopf. Deshalb lässt er sich nicht mit einem Palmer vergleichen. Eine politische Botschaft transportiert er nicht mit seinen Ansichten zum Obst. Sein Obst hat Rundungen, Gruben und kantige Wülste, ist gestreift, geflammt und pigmentiert, aber es ist nicht braun, nicht rot noch schwarz und auch nicht grün.

Als ich neulich die Homepage des Bonsaivereins Salzburg besuchte, fiel mir ein Beitrag auf. Ein Vereinsmitglied, der unter dem Namen Heinz aus der Anonymität tritt, präsentiert eine wirklich originelle Idee. Er bezeichnet sich selber als bequemen Menschen und im Stile von Ploberger, dem intelligenten, faulen Gärtner, propagiert er einen als Bonsai gestalteten Apfelbaum unter dem Motto: Nie wieder mühevolles Ernten. Alle Achtung! Ich glaube, der Bonsaischnitt ist revolutionärer als der Oeschbergschnitt.

Apropos Bonsai: Ich bin ein großer Freund dieser Kunst. Mich faszinieren die kleinen Bäume in der Schale ungemein. Ein in vielen Jahren wohlgeformter Bonsai ist ein Kunstwerk, das Ehrfurcht vor der Natur und Respekt vor der geduldigen Schaffenskraft des Menschen gebietet. Der Einklang mit der Natur, mit deren Gesetzen und Gesetzmäßigkeiten ist auf dem Balkon und im geschlossenen Raum genauso erfahrbar wie im Garten.

Früchte der geistigen Reife – Die Pomologie

Uns interessiert der Obstbau, deshalb greife ich den Botaniker heraus. Die populärwissenschaftliche Variante eines Spezialisten dieses Faches ist der Pomologe.

Er ist vielleicht ein Pfarrer, der im Pfarrgarten Obstbäume stehen hat. Er ist nicht tagaus, tagein mit der Ausübung eines anstrengenden Berufes beschäftigt und findet Zeit, das Wachstum seiner Bäume, die Entwicklung von der Blüte zur Frucht zu beobachten und sich Gedanken zu machen. Seine Beobachtungen und Gedanken notiert er. Er vergleicht und zieht Schlüsse. Er sucht nach Erklärungen und greift auf die Beobachtungen anderer zurück, er zieht Bücher zurate und verfasst selber Bücher.

Eine historisch belegte Person, die dieser Figur entspricht, ist Johann Volkmar Sickler, geboren am 19. Januar 1742 in Günthersleben; gestorben am 31. März 1820 in Kleinfahner, Deutschland, genauer gesagt im Herzogtum Sachsen-Gotha. Sickler war ein Pfarrer und zu seinem Amt übernahm er die Verwaltung eines umfangreichen Landwirtschaftsbetriebes. Hierin widmete er sich insbesondere einer großen Baumschule, wobei er in der Folge bedeutende Fortschritte in der Verbesserung der Obstbaumpflege und in der Verfeinerung der Veredlungsmethoden erzielte. Systematisch untersuchte und dokumentierte er in seinen Schriften die Eigenheiten, Anforderungen und Vorzüge der verschiedenen Obstsorten. Von 1794 bis 1804 war er als Redakteur für die pomologische Zeitschrift *Der deutsche Obstgärtner* und von 1804 bis 1810 für das *Allgemeine deutsche Gartenmagazin* tätig. In dem Buch *Pomologisches Cabinet* stellte er Nachbildungen aller 162 Fruchtsorten zusammen, die in *Der deutsche Obstgärtner* beschrieben waren.

Weitere Literatur von ihm sind das *Gartenmemorandum für Liebhaber des Gartenbaues* (1808) und ein *Gartenlexikon für Unerfahrene in der Gartenkunst* (1811). Mehrere französische Fachbücher des Obstanbaus übersetzte er ins Deutsche. Seine Aufgaben bei der Leitung des Landwirtschaftsbetriebs vermittelten ihm erhebliche Kenntnisse aus diesem Bereich, was ihn letztlich dazu bewog, von 1802 bis 1812 ein Sammelwerk mit dem Titel *Die deutsche Landwirthschaft in ihrem ganzen Umfange* herauszugeben. In Anerkennung seiner Leistungen wurde er zum auswärtigen Mitglied der **Royal Horticultural Society** in London, zum Mitglied der **Erfurter Akademie gemeinnütziger Wissenschaften**, der öconomischen Sozietät in Leipzig und der Landwirtschaftsgesellschaft in Hannover ernannt.

Oder nehmen wir an, es handelt sich um einen Hauptmann, der, weil er gerade nicht seinen Sold auf dem Schlachtfeld verdienen muss, das frühlingshafte Erblühen der Kirschbäume bewundert und sich seiner Kindheit erinnert, als er bei der Weinlese auf der Landwirtschaft seiner Großeltern mithalf und im Hausgarten seines Vaters, des Schultheißen von Bittenfeld im Remstal bei Stuttgart, die Äpfel vom Baum pflückte. Er hatte sich schon immer für den Wein- und Obstanbau interessiert und kann seinem Soldherrn, dem Herzog von Württemberg, Verbesserungsvorschläge machen, als der nach Missernten Schwierigkeiten kriegt, seine Soldaten zu verpflegen. Als Dank wird er beauftragt, auf dem herzoglichen Anwesen, Schloss Solitude bei Stuttgart, eine Obstanlage zu errichten.

Bei dieser von mir skizzierten Person handelt es sich um Johann Caspar Schiller, 27.10.1723 bis 7.9.1796, der als ein Pionier im Obstbau gilt. Er ist der Vater des Dramatikers Friedrich Schiller.

Einer der gebildeten Männer, die als Bürgersöhne im ausgehenden 18. Jahrhundert die Sache mit dem Obst vorantrieben, war Adrian Diel, geboren am 4.2.1756 in Gladenbach, gestorben am 22.4.1839 in Diez, zwei Ortschaften in den heutigen Bundesländern Hessen und Rheinland-Pfalz. Er gilt neben Sickler als einer der Ersten, die ihre Überlegungen und Erkenntnisse zu Papier brachten und dafür sorgten, dass ein Überblick über eine nie zuvor dokumentierte Fülle von Daten angelegt wurde. Sein *Systematisches Verzeichnis der vorzüglichsten in Deutschland vorhandenen Obstsorten,* Frankfurt a. M. 1818 mit zwei Fortsetzungsbänden 1829 und 1833, war ein Pionierwerk, das von einem Zeitgenossen, dem herzöglichen Hofküchenmeister Johann Georg Dittrich verfeinert und ergänzt wurde.

Dittrich erklärte eine Methode, kräftige Obstbäume aufzuziehen, und veranlasste dadurch einen Aufschwung der deutschen Obstbaumzucht. In seinem *Systematischen Handbuch der Obstkunde* (Jena 1835–43, 3 Bde.), das ein Konglomerat aus Adrian Diels Werken ist, vereinigte er alle bis 1836 bekannten Obstsorten und brachte das schon sehr reichhaltige Material in systematische Ordnung. Die von ihm eingeführten Methoden waren noch in den 1920er-Jahren Grundlagen des Obstanbaus.

Diel, um noch einmal auf ihn zu sprechen zu kommen, war Arzt und nahm als Hofrat und späterer Geheimer Rat Anteil am politischen Geschehen seiner Heimatstadt und des ganzen Herzogtums. Bedeutung erlangte Diel als Züchter von Obstsorten und als Verfasser pomologischer Schriften, die einen Grundstein für den Aufschwung dieser Wissenschaft im 19. Jahrhundert legten. Neben seinen Werken zur Systematik der Obstbäume übte Diel auch politischen Einfluss zur Förderung des Obstanbaus im Herzogtum Nassau aus. Nachdem die Weinberge in der unmittelbaren Umgebung von Diez durch Schädlingsbefall weitgehend vernichtet worden waren, ließ Diel dort große Zwetschkenhaine anlegen. Die Einführung von Schattenmorellen in höheren Lagen des Lahngebiets und eine nassauische Regierungsverordnung zum Bepflanzen der Wegränder mit Obstbäumen sowie zum Anlegen von Obstgärten an Schulen gehen auf seine Initiative zurück. Wir sind in der Zeit, als die Obrigkeit die Hebung des Obstbaus forcierte, um breitere Bevölkerungsschichten, insbesondere das für ihre politischen Zwecke gebrauchte Bürgertum, mit genussreichen Nahrungsmitteln zu versorgen, gleichsam in einer Variante des altbewährten Herrschaftsmottos „Brot und Spiele für das Volk“, also „Obst und Spiele für das Volk“.

Wir wollen im Zeitalter der Pomologie fortfahren. Nicht nur in den von den Standortfaktoren begünstigten Gebieten Deutschlands war regelrecht eine Euphorie in der Obstkunde entstanden, auch in anderen europäischen Zentren erfolgte eine ähnliche Entwicklung. In Brüssel wurde die pomologische Gesellschaft „Van Mons“ gegründet, in Schlesien das pomologische Institut Proskau, in der Nähe Wiens die Niedere Stiftswein- und Obstbauschule, das Joanneum in Graz, das sich als Lehranstalt um den steirischen Obstbau verdient machte, genauso wie die Landes- Obst- und Weinbauschule Marburg an der Drau. Berühmte Pomologen gab es in England (Richard Cox), Frankreich (Andre Leroy), Russland (Andrei Timofejewitsch Bolotow) und in Böhmen (Johann Prokop Mayer).

Wie sonst nirgendwo war man in Deutschland an den wissenschaftlichen Grundlagen der Obstkunde interessiert. Man könnte mutmaßen, es hänge mit der deutschen Gründlichkeit zusammen, Erklärungen für das Wieso und Warum zu suchen. Es hat auch etwas mit Ordnungssinn zu tun, eine ungeheure Flut an Informationen zu strukturieren und in ein System zu bringen. Ein Hauptaugenmerk wurde auf die Sortenkunde gelegt, indem die große Zahl aller bekannten Sorten der Äpfel und Birnen niedergeschrieben, klassifiziert, beschrieben und benannt wurde. Es entstanden umfangreiche Werke wie das von Johann Hermann Knoop: *Pomologia, das ist Beschreibungen und Abbildungen der besten Sorten der Aepfel und Birnen, welche in Holland, Deutschland, Franckreich, Engeland und anderwärts in Achtung stehen, und deswegen gebauet werden, 1760–66.*

Knoop hatte in der zweiten Hälfte des 18. Jahrhunderts eine Menge zu tun, um seine „Beschreibungen und Abbildungen“ zwischen zwei Buchdeckeln unterzubringen. Wesentlich einfacher hatte es da Johann Bauhin im 16. Jahrhundert gehabt, der gerade einmal 50 Apfel- und 34 Birnensorten zu überblicken hatte. Bauhin war Arzt und Botaniker, der an verschiedenen Universitäten in Frankreich, der Schweiz, Deutschland und Italien studiert hatte, ehe er sich im linksrheinischen Württemberg als Leibarzt des Herzogs niederließ. Er gilt als einer der Ersten, der mit der Sortenkunde begann und etwas Schriftliches hinterließ. 100 Jahre später erschien 1651 eine Sortensammlung von Wolfgang Jacob Dümler, der darin bereits 185 Apfel- und 224 Birnensorten festhielt. Dessen Werk „Erneutter und vermehrter Baum- und Obstgarten. Nemlich: Eine kurze jedoch deutliche Anweisung zur Baumgärtnerey und Peltzkunst vermittelst welcher fruchtbringende Baumgärten angerichtet und bäulich erhalten werden können. In zweyen Theilen. Aus alten und neuen Schriften wohlerfahrener Baumgärtner abgefasst auch mit eigener Erfahrung bewährt" ist eines der ältesten Bücher zur Anlage von Obstgärten und Baumgartengestaltungen mit zwei alphabetisch geordneten Listen von „mancherley Gattungen Aepffel" und von „allerley Arten Birn".

Wieder 100 Jahre später erschien das Werk Johann Prokop Mayers: *Pomona Franconica oder natürliche Abbildung und Beschreibung der besten und vorzüglichsten europäischen Gattungen der Obstbäume und Früchte, welche in dem Hochfürstlichen Hofgarten zu Würzburg gezogen werden, 1776–1801.*

Allesamt gelten die großen Pomologen der Neuzeit als Pioniere. Sie vollbrachten etwas, was es zuvor nicht gegeben hatte. Sie beeinflussten mit ihrem Schaffen eine Entwicklung, die in neue Bahnen lenkte. Sie waren Wegbereiter, Bahnbrecher, Antreiber. Ihre Leistungen sind richtungsweisend und gültig für Generationen von Praktikern.

Im 18. und 19. Jahrhundert wurden Grundlagen geschaffen und Weichen gestellt. Das gilt für die westliche Kultur im Allgemeinen, für den Obstbau im Besonderen.

Die Erkenntnisse im Obstbau, wie sie die Pomologie zutage brachte und festhielt, haben Gültigkeit bis heute. Ausdruck hiervon ist der Umstand, dass im Jahr 1991 in Deutschland erneut eine pomologische Gesellschaft gegründet wurde, der Deutsche Pomologen-Verein.

Auf seiner Homepage (pomologen-verein.de) ist zu lesen: Der Pomologen-Verein e.V. wurde 1991 gegründet in der Tradition des „Deutschen Pomologenverein" (1860–1919).

Mit Bezugnahme auf Vereinszweck und Tradition wird vom Verein ein jährliches Siegerprojekt ermittelt, um die „herausragende Leistungen auf dem Gebiet der Erhaltung pflanzengenetischer Ressourcen im Obstbau (zu) würdigen. Bei der zu fördernden Maßnahme soll es sich um ein Projekt zur Erhaltung der Vielfalt alter Obstsorten in Deutschland handeln."

Diese „herausragende Leistung" wird mit dem „Oberdieck-Preis" gekürt. Wir erfahren auf der Vereinshomepage, wer Oberdieck war.

Johann Georg Conrad Oberdieck, geboren im August 1794, widmete sein Leben den Menschen und Bäumen. Trotz seiner Liebe zur Natur fühlte er seine Berufung zum Pfarrer. Jedoch hat er später neben seiner vielseitigen Pfarramtstätigkeit den Hang zur Natur in pomologischen, praktischen sowie theoretischen, Arbeiten sich auswirken lassen. In seiner Gemeinde wurde ursprünglich der Gemüseanbau gepflegt. Durch Absatzmangel verarmte die Gemeinde. Hier förderte Oberdieck den Obstbau und legte selbst eine Baumschule an, um Edelreiser abzugeben. Er ist Liebhaber von sogenannten Sortenbäumen, d. h. Bäumen, auf denen mehrere Sorten veredelt sind. Er selbst behauptet, bis zu 3000 Sorten auf einem einzigen Baum vereinigt zu haben. Insgesamt soll er über 4000 Obstsorten auf solchen Sortenbäumen gesammelt und vergleichend geprüft haben. Die Schrift *„Anleitung zur Kenntnis und Anpflanzung des besten Obstes für das nördliche Deutschland“,* verfasst von Oberdieck in Zusammenarbeit mit Dr. Eduard Lucas, enthält die Grundlagen des Obstbaus, wie sie auch heute noch Gültigkeit haben.

Diese „Grundlagen des Obstbaus, die auch heute noch Gültigkeit haben“ blieben durch die beiden, Lucas und Oberdieck, die die Herausgeber der „Pomologischen Monatsblätter“ waren, der Nachwelt erhalten. Wir vergegenwärtigen uns, dass diese „Grundlagen“ älter als 100 Jahre sind. Das von Lucas verfasste „Vollständige Handbuch der Obstkultur“ wurde 1981 in der 30. Auflage neu herausgegeben, was zeigt, welch ungeheure Kompetenz diesem Mann zugesprochen wird.

Eine Pioniertat von besonderer Bedeutung war die Kategorisierung und Bestimmung von Apfelsorten, die in jener Blütezeit der Pomologie gesetzt wurde. Der Aufwand für diese Glanzleistung muss enorm gewesen sein. Tausende von bislang unbenannten Sorten wurden begutachtet, benannt, beschrieben und in ihren Unterscheidungsmerkmalen hervorgehoben. Wir profitieren heute davon, dass Einzelne ihr Lebenswerk hinterließen. So die oben erwähnten Adrian Diel und Eduard Lucas, die mit dem System Diel-Lucas Geschichte schrieben. Sie waren es, die den genialen Einfall hatten, einer schier endlos erscheinenden Vielfalt Einhalt zu gebieten, indem sie vereinfachten und zusammenfassten. Sie schufen ein Ordnungssystem von 15 Familien der Apfelsorten und ich kann mich nicht zurückhalten, alle 15 hier anzuführen:

Kalvillen – 2) Klapperäpfel – 3) Gulderlinge – 4) Rosenäpfel – 5) Taubenäpfel – 6) Pfundäpfel – 7) Rambourrenetten – 8) Einfarbige oder Wachsrenetten – 9) Borsdorfer Renetten – 10) Rote Renetten – 11) Graue Renetten – 12) Goldrenetten – 13) Streiflinge – 14) Spitzäpfel – 15) Plattäpfel.

15 Klassen von Birnen nach DIEL/LUCAS:

1. Butterbirnen
2. Halbbutterbirnen
3. Bergamotten
4. Halbbergamotten
5. Grüne Langbirnen
6. Flaschenbirnen
7. Apothekerbirnen
8. Rousseletten
9. Muskatellerbirnen
10. Schmalzbirnen
11. Gewürzbirnen
12. Längliche Kochbirnen
13. Rundliche Kochbirnen
14. Längliche Weinbirnen
15. Rundliche Weinbirnen

Die Einteilung in diese 15 Familien galt als absoluter Standard im deutschen Obstbau, und zwar ab der Mitte des 19. bis weit ins 20. Jahrhundert hinein, bis zur drastischen Einschränkung der Sortenvielfalt im Zeitalter der Industrialisierung und Mechanisierung. Aber davon später!

Das Meyers Große Konversationslexikon in seiner 6. Auflage (1905–09) veröffentlichte das System Diel-Lucas als Klassifizierung mit uneingeschränkter Gültigkeit. Ein Lexikon wird nicht angezweifelt, schon gar nicht das „Meyers“. Was hier geschrieben steht, ist wahr und richtig. Die bürgerliche Bildung ist hierin einzementiert. Der Gründer des bedeutendsten Nachschlagewerkes allgemeinen Inhalts in deutscher Sprache, Joseph Meyer, war 1839 angetreten, dem Bürger eine gediegene Hilfestellung für die Unterhaltung mit seinesgleichen, der Konversation in den Klubs und akademischen Zirkeln, in die Hand zu legen. Die Zurschaustellung enzyklopädischen Wissens war schon immer, seitdem Bildung den gesellschaftlichen Status zuweist, Ausdruck von Macht und Hierarchie. Meyers Konversationslexikon gab genau vor, was in Sachen Obstbau zu gelten hatte. Durch die regelmäßige, periodische Überarbeitung und Neuauflage war man immer am letzten Stand. Das las sich zum Thema Apfel zu Beginn des vorigen Jahrhunderts so:

*Von den **Systemen**, in die man die Äpfel gebracht hat, findet jetzt das von **Lucas** verbesserte Dielsche **System** mit 15 Familien fast allgemein Anwendung. In der folgenden Übersicht, welche die anerkannt besten Äpfel enthält, bedeuten die **Buchstaben** S hinter dem Namen Sommeräpfel, die vor Ende **September** reisen, H Herbstäpfel, die von Anfang **Oktober** bis Mitte **November** reisen und einige Zeit lagern müssen, und W Winteräpfel, die 2 **Monate** und länger lagern müssen und gewöhnlich im **Dezember** und später reisen. ⋆ bedeutet guter, ⋆⋆ sehr guter Tafelapfel, † guter, †† sehr guter Wirtschaftsapfel, Z Ziderapfel, D eine **Dörren** besonders geeignete **Sorte**, ° die vom deutschen Pomologenverein 1893 empfohlenen **Sorten**.*

Als Beispiel für die nachfolgend beschriebenen Familien möchte ich eine herausgreifen:

***Gulderlinge,** kaum mittelgroße Äpfel, um den **Kelch** mehr oder weniger gerippt, plattrund, nach dem **Kelch** etwas zugespitzt (Bastardkalvillen) oder länglich kegelförmig oder walzenförmig (wahre **Gulderlinge**), **Schale** glatt, oft etwas breitspurig, meist gelblich grün, **Fleisch** fein, fast renettenartig, ziemlich fest, süß, weinsäuerlich oder vorherrschend süß und gewürzhaft: Champagnerrenette °W⋆††, Boikenapfel °W⋆⋆††, süßer **Holaart** H††, gelber Bellefleur °W⋆⋆††, Goldgulderling (Fig. 3) W⋆⋆.*

Wir sehen, dass die Gründerväter der Pomologie aus einer Region kommen, die wir unter heutigen Gesichtspunkten „Mitteldeutschland“, genauer noch südliches Mitteldeutschland nennen. Die Standortfaktoren, Boden und Klima, begünstigen hier den Obstanbau. Da zudem die kulturellen Zentren und die politische

Verwaltung in jenen Gebieten angesiedelt waren, etablierten sie sich zu einer Sonderstellung. Das politisch zerrissene Deutschland im 18. und 19. Jahrhundert war in viele Fürsten- und Herzogtümer gegliedert. Besagte Region nannte sich Herzogtum Nassau und Herzogtum Sachsen-Gotha. Topografisch ist sie gekennzeichnet durch Flussniederungen und Ebenen zwischen Mittelgebirgen und die Ausläufer derselben, die fruchtbaren Hügellagen. Der Neckar, die Lahn, der Main sind Zuflüsse des Rheins mit mildem Klima, wo Weinbau ausgeübt wird. Die Rheinebenen und das Thüringer Becken sind von klimatischer Besonderheit. Schwarzwald, Schwäbische und Fränkische Alb, Odenwald und Taunus umkränzen die Flusssysteme. Stuttgart im Süden, Wiesbaden und Frankfurt im Westen, über Nürnberg und Erfurt bis Dresden im Osten sind bekannte Städte im heutigen Deutschland, in den Bundesländern Baden-Württemberg, Rheinland-Pfalz, Hessen, Franken in Bayern und Sachsen gelegen.

Die Pomologendichte ist in diesem Gebiet auffallend hoch, aus oben genannten Gründen. Die Geschichte des Obstbaus konzentriert sich eindeutig hier. Das soll nicht heißen, dass andernorts in damaliger Zeit diesbezüglich gar nichts los war – es gibt sie, die Obstfachleute aus England, Russland, Italien, aus Frankreich sowieso, sogar aus Schweden und Nordamerika und freilich auch aus Österreich. Österreich, das war die habsburgische Monarchie Österreich-Ungarn, welche die Länder Böhmen, Schlesien, Galizien und das Großherzogtum Steiermark mit einschloss, also Gebiete, die heute großteils eigenständige Staaten sind. In den genannten Regionen wurde Obstbau betrieben, als Liebhaber- und Selbstversorger-Obstbau. Ebenso wie in den deutschen Fürstentümern verlief die Entwicklung ausgehend von den adeligen Gütern und klösterlichen Gärten über die geneigten Offiziere und Geistlichen, über die freigeistigen Bürger mit Bildung und Besitz hin zu den staatlichen Ausbildungsstätten und Forschungsanstalten, hin zu den Vereinen und Gesellschaften, bis zu den ersten Anbauflächen zur Fremdversorgung und zu Handelszwecken.

Wie für die Darstellung von Verläufen und Entwicklungen üblich, werden einige wenige Personen, die sich durch besondere

Leistungen und Verdienste einen Namen machten, aus der namenlosen Menge unbekannter Zeitgenossen herausgegriffen. In Dorfchroniken könnte man fündig werden, vermute ich, und in einer solchen vom Pfarrer eines böhmischen Dorfes – genauso wie es der Pfarrer von Anthering sein könnte – lesen, der in seinem Garten neben dem Pfarrhaus Apfel- und Zwetschkenbäume pflegt und der Kirchengemeinde beim Gottesdienst mitteilt, dass es angebracht sei, in den nächsten Tagen die Blüte mit stark qualmendem Feuer vor den zu erwartenden Spätfrösten zu schützen.

Wir erfahren aus historischen Aufzeichnungen vom Wirken eines Carl Friedrich Kotschy, weil der nicht nur Pfarrer, sondern auch theologischer Gelehrter, auch Politiker, auch Schriftsteller und darüber hinaus Pomologe war. Er lebte von 1789 bis 1856, meist in Teschen, damals Österreich-Schlesien, heute eine polnisch/tschechische Doppelstadt.

Wir erhalten Auskunft über Heinrich von Attems-Petzenstein, 1834 in St. Florian geboren, 1909 in Graz gestorben, der die steirische Obstzucht förderte, nachdem er als Offizier seinen Beruf in Solferino und Königgrätz ausgeübt hatte und sich anschließend mit Orden geschmückt in den Ruhestand begab. Er unterstützte das Grazer Joanneum und gründete eine Gemüsebau- und Samenkulturstation in St. Peter bei Graz.

Bekannt ist das Wirken von Dr. Rudolf Stoll (1847–1913). Er war ein Schüler von E. Lucas und wurde 1873 an die k. u. k. oenologische und pomologische Lehranstalt nach Klosterneuburg als Professor für die pomologischen Fächer berufen. Stoll war Mitbegründer des Österreichischen Pomologen-Vereins, der von 1880 bis 1919 existierte, und Verfasser der Österreichisch-ungarischen Pomologie, einer Fachliteratur zur Darstellung von 124 Apfel-, 58 Birnen-, 8 Kirschen-, 4 Pflaumen-, 8 Pfirsich-, 4 Marillen- und verschiedener Beerensorten in Farbbildern des Malers Vinzenz Robonsky. 1892 wurde Stoll nach Proskau, damals Schlesien, heute Polen, als Direktor des königlich-preußischen pomologischen Institutes berufen.

Wir lesen in Geschichtschroniken von Adalbert Fuchs, der als Sekretär der k. u. k. Landwirthsgesellschaft Wien an der

Gründung der Klosterneuburger Weinbauschule beteiligt war. Fuchs lebte von 1814 bis 1886. Von Beruf war er Agrarwissenschaftler. Die Klosterneuburger Weinbauschule wurde im Volksmund „die Pomologische" genannt. Sie ist eng verbunden mit allem, was in Österreich mit dem Obstbau zu tun hat. Eng verbunden mit Klosterneuburg ist der Name Babo. Die „Babo-Grade" sind ein heute im italienischen Weinbau übliches Maß für den Zuckergehalt. Es ist dasselbe Maß wie die Klosterneuburger Zuckergrade, gemessen mit der Klosterneuburger Mostwaage (KMW), von August Wilhelm von Babo, dem ersten Direktor der Weinbauschule, entwickelt. Was ursprünglich die „Niedere Stiftsweinbauschule" war, ist heute die *Höhere Bundeslehr- und Bundesversuchsstation für Wein-, Obst- und Gartenbau* und ist eine der ältesten Schulen dieser Art weltweit, mit dem Gründungsjahr 1860.

Ein anderes Zentrum für den Obstbau, auch dieses anfangs mehr dem Weinbau zugetan, ist die 1882 von Hermann Goethe gegründete Wein- und Obstbauschule Marburg. Die Stadt Marburg an der Drau lag im Großherzogtum Steiermark, heute Slowenien. Von hier aus wurden entscheidende Impulse für den steirischen Obstbau gesetzt.

Auffallend und bezeichnend ist der Umstand, dass die Top-Lehranstalten Österreichs von Deutschen geleitet wurden. Von Babo kam aus dem rheinischen Baden, Goethe war Preuße. Die Leitfunktion in der Pomologie geht von jenem oben beschriebenen Gebiet aus.

Einer der größten seines Faches war der Gärtner, der im Jahr 1843 als Lehrer für Garten und Obstkultur an die königliche Akademie Hohenheim berufen und für seine Verdienste 1853 zum Garteninspektor ernannt wurde. 1866 erhielt er den Doktortitel der Universität Tübingen.

Er, Karl Friedrich Eduard Lucas, geboren 1816, gestorben 1882 in Reutlingen, gründete zusammen mit dem botanischen Gelehrten Karl Heinrich Koch den Deutschen Pomologen-Verein, dessen Geschäftsführer Lucas war. Die führenden Köpfe der Praxis und der Wissenschaft des Obstbaus der damaligen Zeit hatten sich zusammengetan, um einer aufstrebenden Disziplin zum Durchbruch zu verhelfen. Der Erfolg gab ihnen recht, denn überall in den politischen und kulturellen Zentren der deutschen Fürstentümer entstanden Gartenanlagen, Lustgärten, pomologische Schau- und Lehrgärten. Eine pomologische Gesellschaft nach der anderen wurde ins Leben gerufen. 1859 die private Lehranstalt für Gartenbau, Obstkultur und Pomologie, 1860 das pomologische Institut Reutlingen. Es war die Blütezeit der Pomologie mit zahlreichen pomologischen Vereinen und Gartenbauschulen, in Hohenheim, Weinberg, Geisenheim, Weihenstephan und Triesdorf. Der wissenschaftlichen Verbreitung folgte die Umsetzung der gewonnenen Kenntnisse in Baumschulen und Züchtungsanlagen.

Aber man darf nicht vergessen, dass all diese Anstrengungen unter den Begriff Liebhaberei fallen. Es sollte noch längere Zeit dauern, bis aus dem Liebhaberobstbau ein Erwerbsobstbau wurde. Die Selbstversorgung stand eindeutig im Vordergrund, im bäuerlichen Milieu sowieso, aber auch im bürgerlichen. Obst war eine Nahrungsergänzung ohne wirtschaftliche Bedeutung. Die Genusssüchtigkeit des Adels fiel nur insofern ins Gewicht, als sie zu außergewöhnlichen Ergebnissen bei Züchtungen und Kultivierungsformen führte, ohne Relevanz für breite Bevölkerungsschichten. Es kann den feinen Leuten zugutegehalten werden, dass sie versorgt werden wollten und dafür eine Infrastruktur aufgebaut wurde, die Edelreiser vom französischen Hof beschaffte, welche in deutschen Baumschulen vermehrt wurden.

Bedeutung kommt dieser Sonderform des Obstbaus, dem Formobstbau, insofern zu, als sie eine Grundlage für den späteren Erwerbsobstbau darstellt. Im Formobstbau wurden Zwergunterlagen verwendet, um den Obstbaum – Birn- und Apfelbäume im Wesentlichen – klein zu halten. Die Schwachwüchsigkeit ließ einen größeren Formenreichtum zu und ermöglichte die Spielereien, einem Baum groteske Gestaltungen abzuverlangen. Der Erwerbsobstbau des späten 19. Jahrhunderts griff dann auf diese Unterlagen zurück. Ein eigener Zweig der Baumschulen spezialisierte sich auf die schwachwüchsigen Unterlagen, um die Voraussetzung für den Intensivobstbau zu entwickeln.

Das Phänomen Pomologie erklärt sich in erster Linie aus einer Abkehr von den Herrschaftsstrukturen. Das Bürgertum strebte nach Eigenständigkeit. Die Aufklärung brachte die Parole von der Freiheit, der Gleichheit, der Brüderlichkeit. In diese Geisteshaltung passt die Forderung: Das Obst gehört uns! Der Verzehr von Obst war Revolution: her mit den Früchten! Peter Alexander sang einmal das Schlagerlied „Die süßesten Früchte fressen nur die großen Tiere". Er traf damit den Nagel auf den Kopf, auch wenn er dieser Aussage keine sozialrevolutionäre Sprengkraft verleihen wollte.

Zwei Beispiele historischer Personen gewisser Berühmtheit sollen Entwicklungen und Umstände im besagten Jahrhundert betreffend den Obstbau darlegen.

Hermann Goethe verkörpert den Pomologen, der durch die Ausbildung zum Gärtner den Weg zum Obstbau fand. In jener mitteldeutschen Region, wie wir sie oben beschreiben, erlernte er sein Handwerk und übte in den maßgeblichen Zentren des Obst- und Gartenbaus seinen Beruf aus: in Hohenheim, Reutlingen, Obergorbitz bei Dresden, in Geisenheim und Baden am Rhein, in Marburg an der Drau, Wien, Klosterneuburg und Baden bei Wien. An den Orten seines Schaffens waren Lehranstalten entstanden, die Spezialisten wie ihn beschäftigten und das aufstrebende Fach in Forschung und Praxis zu ungeahnten Höhen trieben.

Heinrich Eduard von Lade war der Sohn eines begüterten Weinhändlers, 1817 in Geisenheim geboren, von Beruf Bankier und Händler, der in Hamburg und Paris richtig reich wurde und schon mit 44 Jahren dem Arbeits- und Erwerbsleben den Rücken kehrte. Er konnte es sich leisten, seinen Hobbys nachzugehen, und widmete sich seinen Lieblingsbeschäftigungen im Garten und Observatorium, er war fortan Gärtner, Pflanzenzüchter und Astronom. In seinem Heimatort ließ er ein Herrenhaus, die „Villa Monrepos", errichten, mit ausgedehnten Parkanlagen rundherum. Jenen Hermann Goethe holte er als Obergärtner an sein Anwesen. Die Kultivierung von Obst und Wein stand im Mittelpunkt seiner Interessen. Seine Bemühungen hinterließen der Nachwelt die „Rote Zwetschke von Monrepos" und die „Lades Butterbirne“. Per Dekret von König Wilhelm I. wurden 1872 seine Besitzungen in die „Königliche preußische Lehranstalt für Obst- und Weinbau“ umgewandelt. Zu Beginn des 20. Jahrhunderts wurde daraus die „Forschungsanstalt für Garten- und Weinbau Geisenheim“. Das Vermögen Lades floss in Form einer Stiftung in die Forschungsanstalt ein.

Lade ist das Beispiel für den Besitzbürger, der Grundlagen schaffend den Obstbau vorantreibt. Somit lässt sich feststellen, dass neben den Standortfaktoren (Klima, Boden) vier weitere Faktoren die Kulturgeschichte des Obstbaus bestimmten:

- die zeitgeistige Einstellung im Zeitalter der Aufklärung,
- die Wissenschaft,
- das Handwerk,
- der materielle Wohlstand.

An dieser Stelle sei mir die Anmerkung erlaubt, welcher Ressourcen es bedarf, um Ausprägungen der Hochkultur zu entwickeln. Ich stelle die These auf, dass drei Ressourcen erforderlich sind:

- Bildung,
- Zeit,
- Wohlstand.

Pomologie konnte betreiben, wer 1. in wissenschaftlichen Fachgebieten geschult war, zumindest rudimentär, 2. Zeit zur Verfügung hatte, die er nicht dem schieren Überleben widmen musste, und 3. für sein materielles Auskommen gesorgt hatte.

Kriegerische Ereignisse werden auch für Einzelpersonen schicksalhaft. Dem Apotheker von Braunau passierte es in der Zeit der napoleonischen Kriege, dass sein ganzer Stolz, ein Obstgarten mit 440 Bäumen, großteils Zwetschken der unterschiedlichsten Sorten, darunter auch ganz kostbare ausländische, erst durch marodierende französische Soldaten, dann von den österreichischen auf ihrem Rückzug zugrunde gerichtet wurde.

Es handelt sich um den Obstgarten des Georg Liegel, der ein berühmter Pflaumenforscher war. Liegel war 1717 in München geboren, kam 1803 nach Braunau, war hier Apotheker und von 1809 bis 1821 Bürgermeister. Sein Interesse galt der Pomologie. Als unermüdlicher Sammler von Sorten, insbesondere von Pflaumensorten, hatte er sich bei Lebzeiten einen Namen gemacht. Er pflegte Kontakt mit den berühmtesten Pomologen – mit Diel, Lucas, Oberdiek, Dittrich – und war Ehrenmitglied in vielen Gesellschaften und Lehranstalten. Die Veröffentlichung zahlreicher Schriften bescherte ihm Ruhm in den Fachkreisen. „Anleitung zur Kenntnis der Pflaumen" 1838, „Übersicht der Pflaumen" 1847, „Der pomologische Katalog" 1860 und andere. Liegel starb 1861.

Es gibt sie, die österreichischen Pomologen, daran soll nicht gezweifelt werden. Wenn auch die Schwergewichte in deutschen Landen zu Hause waren, treten sie doch auch in den Kronländern der österreichisch-ungarischen Monarchie auf den Plan. Die Kronländer sind in etwa jenes Gebiet, das dem heutigen Österreich und dazu Böhmen, Mähren, Schlesien und Istrien entspricht. Männer der ersten Stunde, Wegbereiter und Pioniere gab es auch hier.

Vorneweg zu nennen ist ein gewisser Franc Pirsch. In seiner Zeit – er lebte von 1785 bis 1880 – galt er als Vater des rationellen Obstbaus in Krain und apostolischer Missionar unter den Indianern Nordamerikas. In Slowenien wird er geehrt für seine Verdienste um die Entwicklung des slowenischen Obstbaus. Eine „Franc-Pirc-Medaille" wird über Jahre bis in die Gegenwart an verdiente Personen der Obstbranche verliehen.

Als einer der Ersten nahm er die Organisation der Baumschulen und des Obstbaus in Krain, dem Kronland südlich des heutigen Kärntens, in Angriff. Er erkannte sehr früh die Vorteile des plantagenmäßigen Anbaus. Pirc kultivierte in seinen Baumschulen 700 Apfel- und Birnensorten und machte Oberkrain zu einem Obstbauzentrum.

Seine Motivation leitet sich aus der Betroffenheit durch die Hungersnöte 1816 und 1817 ab. Im Sinne der Volksernährung bemühte er sich verstärkt um das heimische Obst.

Sein erstes Buch, in den Jahren 1830 und 1834 verfasst, hieß dann auch „Der Crainer Gärtner".

1832 bewarb er sich um einen Lehrstuhl im Laibacher Lyzeum. Die Bewerbung wurde abgelehnt, was ihn bewog, nach Nordamerika auszuwandern. Er fühlte sich bemüßigt, den Otchipwe-Indianern landwirtschaftlichen Unterricht zu erteilen. Die Annahme, Franc Pirc gehöre zu den Gründern der Obsterzeugung in den Bundesstaaten Michigan und Minnesota, dürfte richtig sein. Umso mehr gebührt ihm die Auszeichnung „Pionier".

Den deutschen Siedlern brachte er sein Buch mit, das unter dem Titel „Der erfahrene Obst-Gärtner, beschrieben und veröffentlicht von Franc Pirc, katholischer Missionar bei den Otchipwe-Indianern" erschien.

1873 kehrte Pirc in seine Heimat zurück, wo er 1880 in Laibach verstarb.

Am Beispiel Pirc erkennen wir den fließenden Übergang vom wissenschaftlich eingestellten Pomologen zum handfesten Praktiker. War vielen Blütezeit-Pomologen die theoretische Beschäftigung mit der Obstkultur Selbstzweck, genährt von Forschergeist und Wissenshunger, etabliert sich mit fortschreitender Sachkunde der Anwender. Schufen die einen die Grundlagen, setzten die anderen die Erkenntnisse in der Praxis um. Das 20. Jahrhundert sollte die Zeit der Ernte werden. Aus der Liebhaberei wird der Erwerb. Der Erwerbsobstbau nimmt eine Dimension an, die einen bedeutenden Wirtschaftszweig ausmacht.

Noch ein Einschub zum Namen Pirc. Helmut Pirc heißt heute der Leiter der Abteilung Gehölzkunde und Baumschulwesen an der Höheren Bundeslehr- und Forschungsanstalt für Gartenbau in Wien-Schönbrunn, der mehrere einschlägige Werke auf dem Buchmarkt veröffentlichte. Dem Tätigkeitsfeld entsprechend wäre eine Verwandtschaft der beiden sehr gut vorstellbar.

Die österreichische Situation zeigt weniger den gebildeten Fachmann, den Gelehrten, als den erfahrenen Praktiker. In Österreich ist eine Figur, wie sie Georg Liegel darstellt, eher selten. Die Geschichte des Obstbaus weist hierzulande eine Reihe exzellenter Fachleute vor, Gebrauchspomologen sozusagen. Es handelt sich um Experten, oftmals geschult und ausgebildet an den deutschen Instituten, die im Auftrag der k. u. k. Regierung Obstzüchter heranbilden, um den landwirtschaftlichen Nutzen zu erhöhen, und um Spezialisten, die einen Obstbau auf die Beine stellen, der sich in Richtung Erwerbsobstbau entwickeln sollte. Die Zentren des Obstbaus befinden sich in Klosterneuburg, Marburg und Graz.

Namen wie Coloman Größbauer tauchen auf, Jakob Außerer, Karl Mader, Karl Portele, Anton Sierninger, Josip Priol und Josef Löschnig. Allesamt Männer, die als Pioniere zu gelten haben, von Tirol (einschließlich dem heutigen Südtirol), über Kärnten und Steiermark (einschließlich dem heutigen slowenischen Marburg) bis Niederösterreich. Rudolf Stoll und Graf Attems wurden bereits erwähnt.

Die Klassenzugehörigkeit gibt die Richtung vor. Das hochgebildete Bürgertum rekrutiert das Personal an den Lehranstalten. Die weniger vermögenden Bürgerhäuser können ihren Söhnen – von Töchtern kann nicht die Rede sein – nur weniger teure Ausbildungen zuteilwerden lassen. Aber es sind die Männer mit Organisationstalent und Durchhaltevermögen, die dennoch eine herausragende Stellung einnehmen können. Die Eigentumsverhältnisse sind neben der Bildung der zweite entscheidende Faktor für den Erfolg. Großgrundbesitzer, in der überwiegenden Mehrheit Adelige, können mit ganz anderen Voraussetzungen aufwarten als Kleinhäusler. Viele Hektar Grund schaffen Möglichkeiten, von denen kannst du als kleiner Landwirt nur träumen.

Bildung und Grundbesitz waren das Privileg der Orden. Wen wundert's, dass die Ordensbrüder auch im Obstbau eine so wichtige Rolle spielen?

„Es ist unbestritten, dass Kloster viele Jahrhunderte lang die Träger obstbaulichen Fortschrittes waren. Der Bildungsgrad der Ordensmänner in Verbindung mit der Beherrschung der Kunst des Lesens und Schreibens sowie die Möglichkeit, sich Wissen aus Stifts- und Klosterbibliotheken aneignen zu können, waren eine gute Grundlage für die Verbesserung von Obstbaumethoden. Dazu kamen noch äußere Bedingungen, wie das Vorhandensein großer Besitzungen. Bischöfe und Patres wussten den Fürsten und Grundherren den Glauben zu vermitteln, dass sie zu ihrem Seelenheil durch umfangreiche Grundschenkungen einen wesentlichen Beitrag leisten könnten. Die leibeigenen ‚Cultivatores' wurden den Klöstern mit geschenkt, somit waren auch sachkundige Arbeitskräfte vorhanden, welche neben den gebildeten Patres die Voraussetzung dafür bildeten, dass aus den Klöstern bekannte Pomologen hervorgingen. Neben blühenden Wein- und Obstbauanlagen entwickelten sich so auch bald dazugehörende Schulen."

Anmerken möchte ich noch, dass der Apotheker und Bürgermeister von Braunau, Georg Liegel, auf eigenem Staatsgebiet offenbar keinen pomologischen Ansprechpartner fand, es vielmehr vorzog, mit den deutschen Größen Kontakt zu pflegen.

Bei meiner Recherche, die ich auch als Studium einschlägiger Werke, Sachbücher zum Thema Obstbau, die ich zahlreich in der Universitätsbibliothek Salzburg fand, anlegte, stieß ich auf den Hinweis, dass jener Liegel einem Pfarrer zu Ehren einer von ihm, Liegel, gezüchtete Apfelsorte dessen Namen als Sortenbezeichnung gab. Die Schmidberger Reinette ist nach einem sehr kundigen Geistlichen benannt, der im Stift St. Florian wissenschaftlich tätig war. Josef Schmidberger (1773–1844) verfasste in den Jahren 1827 bis 1836 ein vierbändiges Werk mit dem Titel „Beiträge zur Obstbaumzucht und zur Naturgeschichte der den Obstbäumen schädlichen Insekten". Gerade seine Forschungsarbeit zu den Schadinsekten machte ihn bekannt. Eine ganze Reihe von Schädlingen erhielt von ihm deutsche Namen, wie die Pflaumensägewespe, die Pfirsichblattwespe und der Pflaumenbohrer. Interessant ist, dass er auf den hohen Wert der Schlupfwespen bei der Schädlingsbekämpfung hinwies und damit seiner Zeit weit voraus war, denn mit der Integrierten Produktion kommt man in den Neunzigerjahren des vorigen Jahrhunderts darauf zurück.

In einem anderen Buch lese ich, dass Schmidberger internationale Anerkennung fand und von dem belgischen Pomologen J. B. van Mons die Ehrerbietung erfuhr, einer seiner Neuzüchtungen den Namen „Schmidberger Reinette" zu geben.

Was lernen wir daraus? Geschichtsschreibung kann nicht den Anspruch auf absolute Wahrheit haben. Eine gewisse Vorsicht schadet nicht.

Die Pomologie ist eine Erfindung des 18. und 19. Jahrhunderts. Wir alle, die sich mit den Obstgehölzen beschäftigen, greifen auf die Errungenschaften jener Epoche zurück. Das Standardwerk von E. Lucas wurde erstmals 1866 veröffentlicht. Es erfuhr 1992 seine 31. Auflage, überarbeitet von Fachleuten der Hochschule Hohenheim. Der Deutsche Pomologen-Verein wurde 1860 gegründet und erlebte im Jahr 1991 eine Renaissance, die Neugründung. Die Grundidee der Pomologie ist heute aktuell wie vor 150 Jahren, nämlich die Sortenkunde. Insbesondere die Erhaltung alter Sorten, die Klassifizierung und Systematisierung in Gendatenbanken, ist die Hauptaufgabe, der sich leidenschaftlich tätige Obstkundler heute stellen.

Die Arche Noah, Gesellschaft für die Erhaltung der Kulturpflanzenvielfalt und ihre Entwicklung, ein Verein mit Sitz in Schiltern, Niederösterreich, arbeitet mit ähnlicher Zielsetzung. Menschen solcher Vereinigungen ist es zu verdanken, dass Obst größere Bedeutung hat, als Ware im Supermarkt zu sein.

Herausragende Persönlichkeiten, die sich Verdienste erwerben, gibt es auch in jüngster Vergangenheit und in der Gegenwart. Mir persönlich sind in der Salzburger „Szene" Obstsachverständige bekannt, die durchaus Pomologen genannt werden dürfen. Ein Josef Flieger, ein Andreas Salzlechner, eine Helga Flieger, ein Helmut Tritin, um nur wenige zu nennen, sind Spezialisten mit großem Wissen und Erfahrung. Da sie selbst nicht publizieren, sind sie nur einer kleinen Personengruppe – in einschlägigen Kreisen – bekannt. Es braucht schon einer Buchveröffentlichung oder eines polternden Auftretens mit politischem Sendungsbewusstsein, um sich einen Namen zu machen. Eckart Brandt, ein Akademiker, der im Alten Land bei Hamburg einen Bauernhof bewirtschaftet, schrieb ein wunderschönes Buch mit dem Titel „Brandts Apfellust". Helmut Palmer wetterte unermüdlich gegen Engstirnigkeit und Rückständigkeit, sowohl in der Obstkultur als auch im menschlichen Leben. Seine Tochter, Gudrun Mangold, ehrte ihn in einem in Fachkreisen bekannten Sachbuch. Beide, Brandt und Palmer, werden auf der Internetplattform Wikipedia als Pomologen geführt, in einer Reihe mit Diel, Oberdiek und Lucas.

Fazit: Die Pomologie lebt! Lang lebe die Pomologie!

Früchte – Eine kleine Kulturgeschichte

Es gibt die Bauern in unserer Gesellschaft, jene Menschen, die uns mit Nahrungsmitteln versorgen. Sie versorgen uns auch mit Obst. Das ist wohl so, seitdem der Mensch sesshaft geworden ist. Wie gelang es, etwas Wohlschmeckenderes als den Holzapfel zu erzeugen?

Die Kulturgeschichte des Apfels geht weiß Gott wie weit zurück, angeblich fand man Apfelkerne in den Pfahlbausiedlungen. Alle Obstsorten, also auch Birnen, Kirschen, Pflaumen, Marillen und Beeren, waren in der Antike, bei „den Römern" und „den Griechen" mehr oder weniger bekannt. Belegt ist das durch schriftliche Aufzeichnungen damaliger Literaten und Gelehrter, eines Vergil, Homer, eines Theophrastus, eines Plinius und zahlreicher anderer. Vom Steinobst wird behauptet, der Name komme daher, dass es in der Steinzeit schon recht beliebt gewesen sei. Eine bemerkenswerte Auslegung der Namensgebung.

Den Menschen gelang es, sich durch Auslese und Vermehrung den Genuss der besten Früchte zu sichern. Wer waren die größten Genießer? Natürlich die Adeligen und die Geistlichen. Denn zum Genießen brauchst du Muße und die hatten nur die Bessergestellten. So ist es ihnen zu verdanken, dass sie sich um den Erhalt, die Weiterentwicklung und die Verfeinerung der Obstsorten kümmerten. In ihren Schlosshöfen, in ihren Klostergärten gediehen die besten Früchte. Da sie auch genügend Zeit und Mittel hatten, plündernd in die Ferne zu ziehen, brachten sie mit ihren Beutezügen manch exotische Frucht mit nach Hause, wie Nüsse und Marillen, und auch die Sortenvielfalt wurde erhöht.

Bauern hatten damals keine Zeit, wohl auch nicht den nötigen Forscherdrang, schon gar nicht den gottgefälligen Müßiggang, um sich eingehender mit Sortenkunde und Züchtung zu beschäftigen. Im Gegenteil, ihre mühevoll erwirtschafteten Erträge waren immer wieder der Vernichtung ausgesetzt, durch verheerende Witterungseinflüsse genauso wie durch die Verwüstungen der Kriege.

Es brauchte dann eine Gesellschaftsschicht, die frei genug von Strapazen und Nöten war, um sich Dingen widmen zu können, die nicht das tägliche Überleben betrafen. Bildung ist ein Kulturgut, das sich in solchen Schichten entwickeln kann. Das Bürgertum konnte es sich leisten, Gelehrte hervorzubringen. Jetzt war die Zeit gekommen, systematische Ordnung in eine bislang dem Wildwuchs im wörtlichen Sinne überlassene Materie zu bringen. Die ersten pomologischen Vereinigungen entstanden in Deutschland in der zweiten Hälfte des 19. Jahrhunderts. Der Obstbau wurde erstmals in der Geschichte organisiert. Der Auftrag hierfür war ein herrschaftlicher. Ab der Mitte des 18. Jahrhunderts wurde der Obstbau durch hoheitliche Verordnungen verbreitet. Das Wohlfahrtswesen der absolutistischen Herrscher sollte eine Hebung des Allgemeinbefindens herbeiführen, abgestimmt auf die Untertanen der wachsenden Städte. Die Umsetzung der Wünsche der Obrigkeit erfolgte durch Fachleute, die im Dienst der Herrschaftshäuser standen. In den Schlossgärten wurde ein Obstbau kultiviert, der sich stark an französischen Vorbildern orientierte. Der Bauer hatte seinen Hochstamm mit einer robusten, bodenständigen Sorte, aus der Dörrobst und Most gemacht wurden. Zur Zeit des Fallobstes gab es häufig Apfelmus, Apfelkuchen und Apfelgerichte. Als Getränk das ganze Jahr über Apfelmost aus einem Fass im Keller. Überschüsse wurden dem Vieh verfüttert.

Der Edelmann wollte eine Palmette und feines Tafelobst. Was dem niederen Volk das Überleben sicherte, gereichte den feinen Leuten zum Genuss und zum Vergnügen.

Ganz Europa schaut und richtet sich in der Neuzeit nach Versailles. Nicht nur in der Architektur, auch im Obstbau ist Frankreich, das herrschaftliche Frankreich, der Trendsetter. Als „Franzbaum“ wird ein Niederstamm bezeichnet, ein solcher war in deutschen Landen zuvor nicht bekannt gewesen. Die Pflanzware wird großteils aus Frankreich geholt. Der Bedarf ist so groß, dass erstmals Baumschulen angelegt werden. Eigene

Berufe, Gärtner, Züchter, bilden sich heraus. Möglich ist das aufgrund der gesellschaftlichen Entwicklung, die eine ganz neue Schicht hervorbrachte, das Bürgertum. Bürger versorgten nicht sich selber und den Adelsstand mit den Grundnahrungsmitteln, sondern waren Handwerker und Intellektuelle. Sie konnten herangezogen werden, die Bedürfnisse der obersten Kaste zu befriedigen. Pfarrer, Ärzte, Apotheker, Richter, Offiziere waren diejenigen, die sich intensiv mit einem Thema befassen konnten, das nicht unmittelbar der Existenzsicherung diente. Heute würde man sagen, sie gingen einem Hobby nach. Sie waren die Wegbereiter für ein ganz neues Spezialgebiet, dem man sich in Friedenszeiten und zur Erbauung hingeben konnte: der Pomologie. Hinzu kam eine für die menschliche Kultur bemerkenswerte Leistung, die Hingabe an Kunst und Wissenschaft. Das Zeitalter von Humanismus und Aufklärung gab den Menschen – eigentlich nur den Angehörigen der Oberschicht – die Möglichkeit der Neuorientierung. Wer bin ich, woher komme ich, wohin gehe ich? Wie funktioniert das alles, wie hängt das alles zusammen? Dem existenziellen Bedürfnis des Überlebens gesellte sich das etwas luxuriöse Bedürfnis, die Vorgänge des Lebens zu durchschauen, hinzu. Die aufkommenden Wissenschaften versuchten, Antworten zu finden. Zum zweiten Mal in der Geschichte der Menschheit, nach den Hochkulturen der Antike, betrat die Figur des Gelehrten die Bühne.

Die Geschichte des Obstbaus ist zweifellos auch eine Geschichte der sozialen Entwicklungen und immer in Verbindung mit Macht und Herrschaft zu sehen. Wer darf die Früchte des Lebens ernten?

Beginnend mit Adam im Paradies, der mit dem Verlangen, von einer Frucht zu naschen, die Ordnung auf den Kopf stellt, bis zur Macht weniger Handelsriesen, die uns ein äußerst dürftiges Sortiment von Früchten im Supermarkt vorlegen.

Ob es dem ägyptischen Pharao vorbehalten war, nur ihm allein, Früchte zu genießen, entzieht sich meiner Kenntnis. Rein spekulativ ist es vorstellbar, dass er „die süßesten Früchte" für sich beanspruchte, genauso wie Dschingis Khan oder Kaiser Nero. Wer in der klassenlosen Gesellschaft der Hallstattkultur die Holzäpfel mampfte, ist mir auch nicht bekannt. Aber wir wissen, dass es in der Neuzeit der Adel war, der Tafelobst konsumierte. Er hatte die Tafel und das frische Obst, während bei der Bauernfamilie bestenfalls ein aus minderwertigen Sorten gekochtes Apfelmus auf den Tisch kam. Wohingegen die Kinder eines Schusters, eines Färbers, einer Wäscherin wohl selten in einen Apfel bissen, vielleicht zu Weihnachten mal eine Kletze naschen konnten. Da war es schon etwas Neues und Besonderes, dass es im Haushalt des Dorfschulzen frisch geerntete Beeren oder Birnen gab. Die „Besseren" hatten es besser. Die Lehrer, Ärzte, Richter, Apotheker, Pfarrer, die Honoratioren. Sie konnten ein Gärtlein ihr Eigen nennen und hatten Zeit und Muße, das Gärtlein zu bestellen.

In diese Argumentation – die süßesten Früchte fressen nur die großen Tiere – passt die historisch belegte Tatsache, dass der „Baumfrevel" mit harten Strafen belegt war. Im Athen des Altertums wurde ein Obstdieb wie ein Tempelräuber bestraft (nach Drakon, 620 v. Chr.). Gesetze germanischer Stämme, die lex salica und die lex bavarica, belegen die harte Handhabe gegen Diebstahl und Verwüstung im fremden Obstgarten. Die mittelalterliche Obrigkeit folgte der Tradition, Verordnungen gegen den Baumfrevel zu erlassen. Das Abhacken der Hand gehörte noch zu den milderen Strafen. Es war immer auch ein kriegerisches Mittel gewesen, den Gegner durch Zerstörung der Anbauflächen zu schwächen. Obst- und Weinfelder wurden auch im Dreißigjährigen Krieg großflächig vernichtet.

Maßnahmen im Zusammenhang mit den Kriegsgeschehnissen waren seit jeher von Bedeutung im Obstbau. Waren es die römischen Legionen der Antike gewesen, die Obst zur eigenen Versorgung anbauten, machten es die napoleonischen Heerscharen nicht viel anders. In den von Napoleon besetzten Gebieten links des Rheins beauftragte er seinen Präfekten Lezay-Marnesia, hier eine zweite Normandie mit Obsthochstämmen zu schaffen. Tatsächlich wurden in den Jahren 1806 bis 1809 im Bezirk Koblenz 164.090, im Bezirk Simmern, dem damaligen Departement Rhin-et-Moselle am Hunsrück, sogar 176.847 und im Bezirk Bonn 137.993 Obstbäume gepflanzt. Diese Aufbauleistung erfuhr nach dem Abzug der Franzosen von der preußischen Verwaltung Anerkennung und wurde als Grundlage für eigene Zwecke übernommen. Auch die nationalsozialistischen Kriegstreiber erarbeiteten eine Strategie, wie in den besetzten Gebieten mit großflächigen Obstanlagen die Versorgung der Unterwerfer bewerkstelligt werden könnte (siehe Kapitel „Generalplan Ost").

Die Aufbauarbeit der Besatzer ist das eine, die Vernichtung, die die Heereszüge mit sich bringen, das andere. Jeder Krieg ist Vernichtung, gezielt gegen den Feind eingesetzt, gilt es doch, diesen zu schwächen. Die Obstbaumbestände des Gegners müssen dran glauben. Die Bevölkerung muss ertragen, was Kriegsstrategen planen, die Strategie der verbrannten Erde hat System bei der Unterwerfung. Die Zivilbevölkerung muss durchhalten und oft wieder bei null anfangen. Obstbäume waren in Notzeiten Brennmaterial, waren der Rohstoff für Gewehrkolben (gebietsweise blieb kein Nussbaum stehen, weil die Produktion von Gewehren so viel Material verschlang) oder verkamen mangels Pflege.

Im Zweiten Weltkrieg diktierte die Kriegswirtschaft den heimischen Obstbauern die Abgabe sämtlicher Erzeugnisse. Nur die größten Patrioten hatten den Ehrgeiz, ihre Anlagen fleißig zu bestellen. Viele Anbauflächen verwahrlosten.

Wir fassen zusammen und halten fest:
Der Genuss von Früchten ist etwas Besonderes und war schon immer mit Macht und Herrschaft verbunden. Mag die Wildform der Obstpflanzen, z. B. der Holzapfel, noch frei und ohne Besitzansprüche verfügbar gewesen sein, unterlag die Kulturform den Eigentumsverhältnissen. Besitz ist Macht, heute wie vor 4000 Jahren. Das Kultivieren von Obst ist eine Kulturleistung. Kultur braucht Zeit, so etwas wie Müßiggang. Kultur braucht eine Ressource, die dort frei wird, wo der Aufwand zum nackten Überleben endet. Das war im alten Babylon so wie im mittelalterlichen Frankenreich. Die Verbreitung von Kultur und Kulturpflanzen erfolgte durch Kriege und die damit verbundenen großräumigen Heeresbewegungen. Die Griechen und Perser, gemeint sind die Völker der Antike, brachten Äpfel aus

Asien, die wiederum ihren Weg ins antike Rom fanden, um von dort in Kriegszügen nach Germanien und Großbritannien gebracht zu werden. Krieg führen ist ein herrschaftlicher Auftrag, die Beute stärkt die Herrschaft des Siegers, sie vergrößert seinen Besitz und damit seine Macht. Wir sind wieder bei der These angelangt, dass die süßesten Früchte nur die großen Tiere fressen. The winner takes it all. Ich male mir aus, wie ein Feldherr der römischen Legion dem Julius Cäsar einen Apfel vorlegt, eine Kriegsbeute, so etwas hat der bis dahin nicht gekannt, und ihm anbietet, er möge doch in dieses Ding reinbeißen. Cäsar ist verzückt, ah, köstlich, das will ich haben. Die Kerne des Apfels werden in die Erde im Garten seiner Villa gelegt. In den Jahren darauf gibt es Äpfel bei den Cäsars.

Dann waren es die Kreuzritter, die Früchte aus dem Nahen Osten nach Hause brachten. Einige Sommer später hatte die Ritterfamilie, und nur sie, Marillen vom Marillenbaum, der im Burginneren an einer geschützten Stelle stand.

Wir haben festgestellt, dass es in einer Zeit, die heute dunkel und finster anmutet, nur wenige gewesen sein konnten, die sich einem Zeitvertreib hingaben, der etwas mit Kultur zu tun hatte. Der Adel und die Kirche bewahrten die Kulturformen der Obstgewächse vor dem Verschwinden. In ihren Gärten, den Schlossgärten und den Klostergärten, standen die Obstbäume, die von Menschen mit Zeitüberschuss Pflege erhielten. Es ist vorstellbar, dass Äpfel-, Birnen-, Zwetschken- und Kirschbäume übers Land verstreut herumstanden; es ist aber nicht vorstellbar, dass sie aufwendig gepflegt wurden. Die natürliche Vermehrung über Früchte und Samen wird die Erhaltung gewährleistet haben, bedingt aber auch eine Rückentwicklung. Eine Weiterentwicklung der Kulturpflanzen wird auf der mittelalterlichen Wiese nicht passiert sein.

Erst das Aufkommen und Erstarken des Bürgertums in einem gigantischen gesellschaftlichen Wandel, der einen Machtverlust der säkularen und weltlichen Herrschaft bedeutete, führte zu einem unglaublichen Aufschwung im Obstbau. Das gebildete Bürgertum schuf die wissenschaftlichen Grundlagen, das besitzende Bürgertum entwickelte, neben den adeligen Grundbesitzern, die Möglichkeiten zur materiellen Umsetzung. Der Wille zu Freiheit und Unabhängigkeit, der diesen neuen gesellschaftlichen Stand im 19. Jahrhundert so stark machte, verbunden mit Forscher- und Pioniergeist, war die Triebfeder der westlichen Kultur. In allen Wissenschaften gab es bahnbrechende Erfolge, so auch in der Botanik, und in der Pomologie kam zum Ausdruck, mit welch großer Freude und Hingabe das Leben betrachtet wurde. Wunderschöne Zeichnungen und bis zur Perfektion getriebene detailgetreue Darstellungen erklären die Natur. Die pomologischen Schriften und Bildbände sind Kostbarkeiten der wissenschaftlichen Literatur. Die Pomona Franconica, ein in den Jahren 1776 bis 1801 in drei Bänden erschienenes Werk mit einer Auflage von lediglich 110 Exemplaren, verfasst vom Würzburger Hofgärtner Johann Prokop Mayer, ist das vermutlich teuerste Beispiel der pomologischen Bibliothek. Die Originalzeichnungen verschiedener Künstler, die Mayer beauftragt hatte, sind heute im Besitz der Nationalen Kulturstiftung des Emirats Katar.

Waren die ersten Pomologen, ein Mayer, ein Schiller, auch ein junger Lucas, noch im Dienst der Fürsten gestanden, drängten die nächsten Generationen zur Emanzipation vom adeligen Auftraggeber. Vom Lustgarten zum Hausgärtlein. Nicht länger der Prunksucht des Hofes zu dienen, sondern den eigenen Interessen nachzugehen, war das Gebot der Stunde. Die Ersten waren die Geistlichen, was später auch anderen gelang: sich der Beschaulichkeit und dem Wunsch nach Selbstversorgung hinzugeben. Ärzte, Apotheker, Lehrer, sie hatten Zeit, waren gebildet und materiell so weit abgesichert, den Geist der Aufklärung zu erahnen, aufzugreifen und weiterzutragen. Es war eine städtische Bewegung, keine ländliche, eine bürgerliche, keine bäuerliche, die zur Blütezeit der Pomologie führte.

Das 19. Jahrhundert war das Jahrhundert der Universitäten, der Lehranstalten, der Akademien. Explosionsartig setzten sich die Wissenschaften durch. Das Leben wurde verweltlicht und vergeistigt. Der Mensch suchte nach Erklärungen außerhalb der religiösen Dogmen. Die „Vermessung der Welt“ wurde angelegt und durchgeführt.

Bemerkenswert ist, dass wir uns immer noch im Zeitalter der Selbstversorgung befinden. Wirtschaftliche Aspekte sind weitgehend unbekannt. Ein Erwerbsobstbau findet nicht statt. Obst ist kaum Handelsware. Wenn überhaupt, dann nur auf lokaler Ebene. Der Stand der Technik schließt eine Vermarktung aus, denn ohne Kühlung lässt sich das Produkt nicht über größere Distanzen transportieren, noch sind die Transportmöglichkeiten vorhanden. Eine Kiste Äpfel, in der Postkutsche befördert, käme eher als Apfelbrei ans Ziel. Gar nicht daran zu denken, was aus einem Korb Kirschen würde. Ein Käufer würde reklamieren und die Ware zurückschicken. Es verwundert nicht, dass weniger die Nachfrage nach Frischobst als die Nachfrage nach Most das Angebot erhöhte. Was in der kleinräumigen Angebot/Nachfrage-Dynamik begann (die Mostfässer werden vom Bauern mit der Kutsche ins Dorf auf den Markt gebracht), sollte Ende des 19. Jahrhunderts durch die Verbesserungen im Transportwesen internationalen Charakter annehmen: Auf dem Stuttgarter Bahnhof wird waggonweise der Mostobsthandel abgewickelt, mit Fracht aus der Schweiz und Österreich, mit kleineren Partien aus Bayern, Schlesien und Sachsen. Der Anbau in Württemberg selber konnte bei Weitem nicht die Nachfrage befriedigen.

Eine Vorreiterrolle in der Vermarktung von Obst und Obstprodukten spielen die Länder Frankreich und Belgien, die Schweiz, Italien und wohl auch Nordamerika, wo bereits Mitte des 19. Jahrhunderts Anbaugebiete existieren, die über einen Eigenbedarf hinaus produzieren. Schon im 18. Jahrhundert war der Export von Edelreisern aus den Züchtungsanlagen der französischen Hofgärten ein Erwerbszweig größeren Ausmaßes.

Die Gärtner im Dienst des französischen Hofs waren die Ersten, die ausgefallene Baumformen der Obstgehölze „erfanden", Palmetten und Kordone auf schwach wachsenden Niederstämmen, auf der Unterlage „Paradiesapfel". Sie konnten mit besonders schönen Früchten aufwarten, die einzeln zur Dekoration verkauft oder gegen Gebühr verliehen wurden.

Das Nordamerika des 19. Jahrhunderts war ein Paradies für Pioniere. „Go west!", diesem Ruf konnten nur die findigsten und draufgängerischsten Abenteurer folgen. Pioniertaten dort und da, eine Großtat nach der anderen. Die Geschichte der Verzweifelten, der Habenichtse, die nichts zu verlieren hatten und dann doch ihr Leben verloren, steht auf einem anderen Blatt. Wir kennen die Story von Jonny Appleseed (siehe!), aber es gibt noch andere historisch belegte Charaktere. Einer hieß Henderson Lewelling. Er schaffte es bis an die Westküste, mit einem Planwagen voller Apfelsämlingen, die mehr Wasser erhielten als er und seine Familie. Im heutigen Bundesstaat Washington legte er in einem Gebiet, das heute die am intensivsten genutzte Obstkulturfläche der ganzen USA ist, eine Baumschule an, die die Grundlage für den wirtschaftlichen Erfolg der „Pacific Coast Fruit Industry" werden sollte. Seinen Most lieferte er bis ins Kalifornien der Goldgräber, bei denen er reißenden Absatz fand.

Das Anwachsen der Städte brachte große soziale Probleme mit sich. Es war eng geworden, die Versorgungslage war eine schlechte. Durch den Wegfall der Anbauflächen im Stadtinneren litt die Eigenversorgung. Lebensmittel mussten eingekauft werden. Die Nahrungsmittelproduktion passierte auf dem Land. Technischer Fortschritt und staatliche Lenkung trugen dazu bei, dem Volk das Überleben zu sichern. Die einen haben große Kuchenstücke, anderen bleiben nur die Brösel. Werden die Unterschiede unerträglich groß, kommt es zu Unruhen und Revolten. Weitblickende Herrscher haben schon immer versucht, den allgemeinen Wohlstand auf einem Niveau zu halten, das erträgliche Existenzbedingungen gewährt. Maßnahmen zur Hebung des allgemeinen Wohlstandes sichern den sozialen Frieden. Unter diesen Gesichtspunkten sind die in Württemberg schon im 18. Jahrhundert erlassenen Generalreskripte für den Obstbau zu sehen. Hierin werden Gebote und Verbote festgelegt, die Versorgung des Volkes mit Obst zu gewährleisten. Der Herzog Carl Eugen (1737–1793) erließ in seiner Regierungszeit sogar drei Generalreskripte. Er war derjenige gewesen, der Johann Caspar Schiller mit dem Anlegen einer Baumschule beauftragt hatte. In der Folge waren es diese Verordnungen, die Entwicklungen begünstigten, die ganze Obstlandschaften entstehen ließen. Daraus sollten 100 Jahre später die Streuobstwiesen entstehen.

Der Obstbau entwickelte sich im 19. Jahrhundert rasant. Der Weinbau war in der gleichen Zeit massiv rückläufig. Verantwortlich dafür waren katastrophale Witterungseinflüsse und ein enormer Schädlingsdruck. Die Einschleppung der Reblaus mit nordamerikanischen Trauben und Rebstöcken hatte verheerende Auswirkungen. Flächendeckend fielen Weingärten diesem Schädling zum Opfer. In ganz Mitteleuropa fand dadurch eine Umstellung vom Wein- zum Obstbau statt. Nur die Weinanbaugebiete in den besten Lagen, in klimatischen und geografischen Sonderstellungen, blieben erhalten oder wurden wiederhergestellt. Viele Hänge, die zuvor mit Weinreben bepflanzt gewesen waren, wurden jetzt mit Obstbäumen bestückt. Die steigende Nachfrage nach Mostobst war zudem ein wirtschaftlicher Anreiz.

Eine ackerbauliche Nutzung der Hänge kam nicht infrage, dafür wäre der Aufwand zu groß gewesen. Eine neue Form der Bewirtschaftung kam auf und setzte sich durch, die Doppelnutzung der Hänge, einerseits die Obstgewinnung im oberen Stock, andererseits die ganzflächige Unterkultur als Futtergras, Gemüse oder Beerenobst. Die Entwicklung in Richtung Milch- und Viehwirtschaft, die zu Beginn des 20. Jahrhunderts einsetzte, begünstigte die Grünlandnutzung. Vielfach war der Boden zwischen den Hochstämmen Weideland.

Jetzt ist es tatsächlich so weit: Die Streuobstwiesen, wie wir sie heute kennen, entstehen. Wir befinden uns Ende des 19., Anfang des 20. Jahrhunderts. Nochmals sei betont, wie es dazu kam: Weingärten wurden aufgelassen, die Hänge waren ackerbaulich Böden zweiter Wahl, die Nachfrage nach Obst, insbesondere Mostobst, stieg, die Milchviehwirtschaft gewann an Bedeutung.

Die großen Streuobstwiesen der Gegenwart befinden sich in Baden-Württemberg. Es ist kein Zufall, dass einer der größten seines Faches, Eduard Lucas, aus dem Landkreis Reutlingen stammt. Reutlingen liegt 30 km von Stuttgart entfernt, im Bundesland Baden-Württemberg, das heute den europaweit größten Bestand an Streuobstwiesen aufweist. Auf der landwirtschaftlichen Nutzfläche Baden-Württembergs stehen heute (Agrarinventur 2010) 9,3 Millionen Obstbäume, auf einer Fläche von 116.000 Hektar. Das ist ein Sechstel der Fläche des Bundeslands Salzburg und diese 1.160 Quadratkilometer Streuobstwiese Baden-Württembergs sind mehr als die 1.004 Quadratkilometer des Flachgaus.

Ein Pionier unserer Breiten war ein gewisser Otto Schmitz-Hübsch, den ich vorstellen möchte, um anhand seiner Biografie die weitere Entwicklung im Obstbau zu verdeutlichen.

Otto Schmitz-Hübsch, geboren 1868 auf preußischem Hoheitsgebiet am Niederrhein, stammt aus einer Landwirtsfamilie im herrschaftlichen Ausmaß, die Schmitz' wurden geadelt und erhielten den Beinamen Hübsch. Pomologie war die Passion des Vaters, die auf den Sohn überging. Er absolvierte hochkarätige landwirtschaftliche Ausbildungen in Berlin und Gent und ließ seinen Ausbildungsjahren ausgedehnte Studienreisen in Frankreich und Belgien folgen. Zurückgekehrt an den Rhein, suchte er nach geeignetem Land, um einen Obstbau nach seinen Vorstellungen zu beginnen. Er erwarb Anbauflächen links des Rheins, westlich von Köln, wo er 1896 ein Obstgut zum großflächigen Anbau von Äpfeln und Birnen gründete. Damit war der Grundstein gelegt für den Erwerbsobstbau in Deutschland. Der Obstbaupionier Schmitz-Hübsch war der Erste, der die Dichtpflanzung auf schwach wachsenden Unterlagen zur systematischen, rationellen Produktion von Obst kultivierte. Die Niederstammplantage war etwas gänzlich Neues, so was hatte es zuvor in Deutschland nicht gegeben. Etwas Ähnliches musste er in Frankreich oder Belgien gesehen haben. Die Idee muss auf seiner Studienreise entstanden sein. Eine Plantagenwirtschaft, wie er sie aufzog, ist zu dieser Zeit sensationell.

Die Obstproduktion in dieser Weise kommt einer Industrialisierung gleich: rationelles Arbeiten mit Einsparungen bei Mensch und Mittel, Mechanisierung der Abläufe bei Pflege und Ernte, Lagerung und Vermarktung im großen Stil. Das Foto auf der Wikipedia-Seite zeigt Frauen und Männer bei der Apfelernte um 1900, ohne Verwendung von Leitern oder anderer Steighilfen, der Abtransport der Körbe erfolgt in Wagen auf Schiene. Sortiermaschinen, Geräte, Spritzen, Traktoren und die erste Kühlmaschine in Deutschland im Jahr 1908 waren große Errungenschaften und kamen bei Schmitz-Hübsch zur Anwendung.

Die Unterlagen, auf denen Schmitz-Hübsch seine Bäume veredelte, wurden später als M8 und M9 klassifiziert – Letztere ist heute weltweit die mit Abstand verbreitetste Apfel-Unterlage. 1905 hatte Otto auf einem Markt in Paris den Gelben Metzer Paradiesapfel gefunden und damit dessen Schicksal zu der heute mit Abstand auf allen Kontinenten weitest verbreiteten Unterlage besiegelt.

Anfang der 1930er-Jahre gelang Otto Schmitz-Hübsch eine Weiterentwicklung seiner auf M9 gezogenen Niederstammbäume – neuerlich setzte er eine Pioniertat mit weitreichenden Folgen. Mit dem Spindelbusch führte er eine besonders kleinwüchsige, schlanke Baumform ein, die hinsichtlich Bearbeitung und Fruchtbarkeit allen anderen Formen überlegen ist. 1935 wurde auf den Schmitz-Hübschschen Besitzungen die erste Spindel-Apfelplantage mit 1600 Bäumen je Hektar angelegt.

Zusammen mit der M9-Unterlage hat sich die „Spindel" seit 1950 ebenfalls weltweit durchgesetzt. So sind etwa neun von zehn Apfelbäumen in Europa Spindelbüsche.

Der einfallsreiche Kerl machte sich auch als Züchter einen Namen. 1920 entdeckte und veredelte er eine rötlich gefärbte Mutation der Sorte Boskoop, die er 1939 als Roter Boskoop Schmitz-Hübsch in den Handel brachte. Sie zählt bis heute zu den meist angebauten Apfelsorten.

Mit der Einführung des Erwerbsobstbaus in Deutschland begründete Otto Schmitz-Hübsch zugleich eine „Obstbau-Dynastie": Seine Kinder legten allesamt ebenfalls Apfel- und Birnenplantagen an und entwickelten den modernen Obstbau weiter. Zwei von ihnen – Hans und Heribert – trugen mit zahlreichen Publikationen zur Verbreitung ihres Wissens bei. Das inzwischen von einem Urenkel geführte Stammgut westlich des Rheins zwischen Bonn und Köln gilt in Fachkreisen bis heute als Vorzeigebetrieb, der sehr eindrücklich aufzeigt, was in den letzten 100 Jahren im Obstbau passiert ist: Mechanisierung, Industrialisierung, Plantagenwirtschaft, alles in ein modernes Konzept gepackt, mit Betonung der Tradition (Obstbaumuseum) und zeitgemäßem Marketing (sowohl Internetauftritt – www.schmitzhuebsch.de – als auch die Führung eines Hofladens).

Die Geschichte des Obstbaus war in der jüngsten Vergangenheit vom erwerbsmäßigen Anbau bestimmt. Was einst Liebhaberei und Selbstversorgung war, sollte unter staatlicher Lenkung die Ernährungslage der Bevölkerung verbessern und war mit der Kommerzialisierung der Welt ein Wirtschaftszweig geworden.

Obstbau ist primär zum Geschäft geworden. Die Frucht ist ein Handelsartikel. Früchte sind Handelsware.

Dennoch, trotz aller Kommerzialisierung, die Obstkultur ist ein lebendiges Gut mit Werten außerhalb der Marktpreise. Die Beschäftigung mit wachsenden Organismen, mit Gehölzen und ihren Früchten, kann ein lohnender Zeitvertreib sein, ohne gewinnbringende Absichten kommerzieller Natur, aber dem persönlichen Wohlbefinden sehr dienlich.

Obst und grünes Denken

Wer grün handelt, denkt auch grün? Unter Umständen vielleicht, aber sicher nicht mit Selbstverständlichkeit.

Ich vermute einen ziemlich geringen Prozentsatz von Grün-Wählern und -Wählerinnen im Lager der Obst- und Gartenbauvereine. Im Herzen und im Kopf grün sein ist was anderes, als grüne Hände haben. Politisch grün orientiert sein resultiert nicht zwangsläufig aus der Beschäftigung mit Pflanzen. Viel wahrscheinlicher im naturaffinen Umfeld ist eine Gesinnung, die traditionelle, konservative, angepasste, rollenkonforme und staatstragende Einstellungen beheimatet. Eine solche Haltung findet ihre Entsprechung im schwarzen Lager, um in der Ausdrucksweise die in Österreich gängige Farbenlehre zu bemühen.

Traditionen vertreten, die Heimat hochhalten, der Mann arbeitet mit Säge und Astschere, die Frau macht Marmelade. So war's immer, so soll's bleiben. Wir schmücken die Dörfer mit Blumen, wir bewahren den landschaftsbildenden Charakter der alten Obstbäume und freuen uns über unsere schöne Heimat.

Meine Kollegen und Kolleginnen im OGV Bergheim sind durchwegs nette Leute. Wir teilen ein gemeinsames Interesse und pflegen einen freundlichen Umgang miteinander. Als Baumwart erfahre ich Anerkennung und Wertschätzung. Aber ich glaube, ich liege nicht falsch in der Annahme, dass ich bei der letzten Gemeinderatswahl, bei der ich als grüner Mandatar kandidierte, nicht viele Stimmen aus dem OGV erhielt.

Der alte Huber, der frühere langjährige Obmann des OGV Bergheim, begegnet mir sehr wohl als Sympathisant für grüne Politik. Er ist ein Original und steckt voller ungewöhnlicher Ideen. Sein Horizont reicht über seine Apfelbäume hinaus. Wiederholt trat er an mich heran, ich möge mich für eine Bachrenaturierung, für eine Böschungsbepflanzung und gegen den Gitzentunnel im

Gemeinderat einsetzen. Mich verblüfft dieser alte Mann, wie rege er am Gemeindeleben Anteil nimmt.

Bemerkenswert finde ich jene Menschen, die ihre Einstellung mit politischen Forderungen verbinden. Der „Remstal-Rebell" Helmut Palmer war wohl so einer. Seinen Namen erhielt er nicht nur, weil er sich für die revolutionäre Technik des Oeschbergschnitts starkmachte, sondern auch für seinen unermüdlichen Einsatz für Verbesserungen im menschlichen Zusammenleben. Er wollte den Obstbau verändern und er wollte Lebensumstände ändern, das eine wie das andere zum Besseren voranbringen. Verbesserungen erreichst du nur, wenn du Festgefahrenes aus dem Weg räumst. Das Anprangern des Altehrwürdigen ist nicht jedermanns Sache, kommt es doch einem Ketzertum gleich. Deswegen haben es die Rebellen so schwer, werden sie doch als Ketzer und Aufrührer angesehen. Ein Palmer musste lautstark engstirnige Einstellungen aufzeigen, Haltungen zum altwürttembergischen Baumschnitt und zur landläufigen Gesinnung, die sehr hartherzig sein kann.

Die Oeschbergmethode konnte er populär machen, sie fand Verbreitung als „Palmerschnitt". Seine politischen Ambitionen konnte er weniger durchsetzen. In sämtlichen Kandidaturen für ein politisches Amt, und das waren mehr als 200, scheiterte er. Erst sein Sohn schaffte es, ihm sollte gelingen, was dem Vater verwehrt blieb. Es hat etwas Märchenhaftes, wenn Boris Palmer als grüner Abgeordneter im Landtag Baden-Württemberg von 2001 bis 2006 sitzt und seit 2007 Oberbürgermeister von Tübingen ist. Der Sohn führt die Ideen des Vaters fort und ist das lebendige Beispiel für einen erfolgreichen Kampf. Der Vater kämpfte für die Vereinfachung und Verbesserung im Obstbau einerseits, für Eigenständigkeit und Freiheit im menschlichen Zusammenleben andererseits. Der Sohn setzte das obstbauliche Engagement in Schnittkursen, die er am Beginn seiner politischen Karriere noch abhielt, fort und brachte die politischen Träumereien des Vaters auf einen soliden Kurs. Boris Palmer, ein „Realo" der deutschen Grünen, ist ein mächtiger Mann. In einem Interview mit dem Titel „Das Rebellenkind" bringt Erika Palmer, die Frau des Verstorbenen, die Vater-Sohn-Geschichte auf den Punkt:

„Der Helmut Palmer", sagt sie, „hat ja nach Meinung vieler Bürger – auch hochstehender – recht g'habt. Verstehen Sie? Aber es nur falsch ausg'führt." Sie lächelt eine Spur amüsiert. „Der Boris hat nun den Vorteil, dass er's richtig macht. Er macht's zwar wie der Vater, aber er macht's richtig."

Der Vater erwarb sich den Ruf eines Baumpredigers und Bürgerrechtlers. Er brannte für die Demokratie. Er bekämpfte unnütze Verkehrsschilder, die Atomkraft und den Antisemitismus. Politiker und Beamte schimpfte er Tagediebe, Nazidackel oder Nazis im CDU-Gewand.

Der Sohn macht sich heute stark für die Unterstützung der globalen Klimaschutzziele durch Umsetzung lokaler Maßnahmen in Verkehr und Umwelt, so auch als Gegner des umstrittenen Projekts Stuttgart 21.

Ein Rebell will Veränderungen. Ein grüner Rebell will Veränderungen im Agrarischen, in der landwirtschaftlichen Produktion, in der Vermarktung, in der ländlichen Entwicklung. Anders als in anderen Kontinenten geht es in unserer Gesellschaft nicht um Eigentumsverhältnisse, also um eine Neuaufteilung des Grundbesitzes, aber doch um den Kampf gegen die Benachteiligung der kleinstrukturierten Landwirtschaft und gegen die Bevorzugung der großen Agrarfabriken. Kritische Stimmen, wie etwa die Plattform „Wir haben es satt" von AgrarAttac, kämpfen derzeit für eine Agrarreform, die sicherstellt, dass Lebensmittel in Europa ökologisch und nachhaltig erzeugt werden.

Rebellen der jüngsten Vergangenheit in Österreich waren Kämpfer für Bio-Produkte. Sehr populär wurde Werner Lampert, der für die Handelsriesen Billa und Hofer eine Bioschiene aufbaute.

Der Agrarrebell Sepp Holzer gilt als Pionier. Rebell und Pionier, eine beachtliche Leistung! Mit seiner Permakultur sorgt er für Aufsehen. Interessantes Detail für Obstkundige: Er lehnt einen Baumschnitt weitgehend ab. Nicht schneiden bedeute weniger Arbeitsaufwand, die tiefer ansetzenden Äste schützten den Baum vor Verbiss und hielten ihn nieder, was die Ernte erleichtere. Das Totholz erhöhe die Biodiversität, weil es Insekten Unterschlupf biete.

Bei Diskussionen zwischen Befürwortern und Gegnern des Baumschnittes ist wegen des teils ideologischen Zugangs eine Endlosschleife vorprogrammiert. Sobald ein kommerzielles Interesse vorliegt, hört sich sowieso jede Diskussion auf. Niemand, der Produktivität und Rentabilität zum Hauptzweck seiner Arbeit erklärt, wird seine Produktionsmittel, die Bäume, sich selbst überlassen.

Aber zurück zum politischen Denken – und ich möchte sehr weit zurückgehen. Bis in die Anfänge der zeitgenössischen Obstkultur, ins pomologische Zeitalter vor 200 Jahren, als sich die Sache mit dem Obst sehr stark veränderte. Das Obst wurde der herrschenden Klasse geradezu aus den Händen gerissen. Waren bis dahin die Adeligen in den Genuss der köstlichen Früchte gekommen, nahmen sich jetzt die Bürger der Sache an und sorgten dafür, dass die Früchte auf dem eigenen Baum hingen. Die umwälzenden Bestrebungen der damaligen Zeit, die als Aufklärung in die Geschichte einging, beginnen mit der Französischen Revolution 1789 und enden 1914 mit dem Ersten Weltkrieg. Die politische Dimension dieser Aneignung steckt in der Forderung nach bürgerlichen Rechten, nach Freiheit. Freiheit und Selbstbestimmung. Freiheit der Wissenschaft und der Forschung. Loslösen von Fremdbestimmung. Die politische Stimmung war voll mit Parolen des Aufbruchs. Die Pomologie betrachte ich als Ausdruck des Aufbruchs und sie war als solcher ein politischer Akt.

Die Bauernschaft blieb davon unberührt. Das Obst der ländlichen Bevölkerung war minderwertig und blieb minderwertig, bestimmt zur Mostverarbeitung und zum Dörren und Kochen, nicht zum genussvollen Frischverzehr. Ich denke, die Bauern hatten andere Sorgen als die Veredelung eines landwirtschaftlichen Produkts, das bestenfalls Zuspeise war. Die Bauernkriege, in denen es um das Freikommen von der Leibeigenschaft ging, waren gerade erst vorbei, das Schlimmste war überstanden. Das Leben war hart genug. Und ein Zuckerschlecken ohnehin nicht.

Als der Obstbau mehr und mehr ein Erwerbszweig der Landwirtschaft wurde, erhielt er die entsprechende politische Ausrichtung ihrer Vertreter, nämlich eine konservative. Die Obstkultur wechselte das politische Lager, vom Fortschrittsgeist der Bürger ins Bewahrende der Bauern. Die adeligen Großgrundbesitzer waren die Entscheidungsträger in der Agrarpolitik und diese hatten kein Interesse an gesellschaftlichen Veränderungen. Land und Forst waren in festen Händen und das sollte so bleiben. Jeder, der das nicht so sah, war gleich einmal ein Rebell.

Der Obstbau erhielt im 20. Jahrhundert eine Organisationsstruktur, die fest bei den Funktionären der Landwirtschaft verankert wurde. Aus den k. u. k. Ackergesellschaften des 19. Jahrhunderts wurden über die Societäten die Kulturräte und daraus schließlich die Landwirtschaftskammern. Die Obst- und Gartenbauvereine waren aus Privatinitiativen entstanden, aber sehr rasch in die obrigkeitsstaatlichen Verbände eingegliedert. Fest geformte Hierarchien sagten, wo es langgehen sollte. Die behördlichen Vorgaben bestimmten die Entwicklungen. So wie heute die EU-Förderrichtlinien. Marktregulierung heißt das Zauberwort. Abweichungen sind schwierig und meist nur durch rebellenhafte Anstrengungen durchzusetzen. Aber gut, es ist fein, seinen Platz zu kennen, sich aufgehoben zu fühlen, Heimat zu haben. Eine politische Haltung, die auf Bestand und Bewahrung baut, entspringt wohl einem Bedürfnis nach Geborgenheit und Sicherheit. Tradition macht das verlockende Angebot, dieses Bedürfnis abzudecken. „Grün" steht für Heimatverbundenheit und für Natur, in der ich mich als Mensch rundum wohlfühle. „Grünes Tirol" zum Beispiel spielt mit der Assoziation Natur, Heimatverbundenheit und Lebensgefühl. Gemeint ist der Verband der Tiroler Obst- und Gartenbauvereine mit dem Baumwärterverband und somit eine Organisation der Landwirtschaftskammer Tirol.

Oftmals wird in diesem Zusammenhang der Begriff Heimatliebe bemüht und leider auch für ideologische Zwecke ganz unsympathisch missbraucht. Die reaktionäre Ausrichtung des grünen Denkens ist Bestandteil einer Ideologie, die auch im Nationalsozialismus zur unseligen Anwendung kam. Ewiggestrige können es nicht lassen und ändern sich auch nicht in ihrem Sprachgebrauch. Mir stößt es unangenehm auf, wenn ich in einem Buch über den Salzburger Obstbau, das 1991 (!)

erschien, von „glühender Heimatliebe“ und von der „Ehrenpflicht“ und dann von der „tiefe(n) Liebe, die ihn mit der Heimat Salzburg verband“ und vom „Liebeswillen zu den heimischen Obstbäumen“ lesen muss. Welch ein Gesülze!

(Der Salzburger Obstbau, Iglhauser u. a., Salzburg 1991)

Anerkennend möchte ich festhalten, dass „Der Salzburger Obstbau“ ein beeindruckend recherchiertes Sachbuch ist und eine Fülle Details der lokalen Geschichte liefert. Es ist unbestritten eine reiche Quelle des Fachwissens. Aber, Herr Gevattern, müssen Sie denn gar so dattern?

Wir fassen zusammen und halten fest:

Die Geschichte des Obstbaus ist in ihrer politischen Tragweite zweigeteilt. Es gab einmal eine Epoche, in der eine Ausprägung der Obstkultur den Geist des Fortschritts in sich trug. Das Bürgertum zettelte einst politische Revolutionen an, die Französische Revolution von 1789, die Vormärzrevolutionen im Deutschen Reich 1848. Die Pomologie kann in diesen Zusammenhängen als Loslösung von absolutistischen Herrschaftsansprüchen, die auch das Obst betrafen, gesehen werden. Die durchgängige zweite Linie der Obstkultur ist eine wert- und systemerhaltende. Sie ist mit der Scholle verbunden, beständig, verlässlich, geordnet, treu, Demut gebietend, fruchtbar. Dementsprechend ist die politische Grundhaltung staatstragend und konservativ. Abweichungen sind unüblich und fallen auf. Grünes Denken im politischen Sinn ist ein Minderheitenprogramm, das aber dennoch vorkommt und seit Zwentendorf offiziellen Parteistatus hat. Es war nur eine Frage der Zeit, dass grünes Denken regierungsfähig wird. Diese Entwicklung war unaufhaltsam. Vielleicht erleben wir es, dass Obst als hoch angesehenes Produkt einer natürlichen Lebensweise mehr geschätzt wird als die plastikverpackten Erzeugnisse der Agrarindustrie.

Obst und Herrschaft – Der Generalplan Ost

Die Pioniere des Militärs sind tolle Burschen. Sie haben was Heldenhaftes, denn sie „sind die Truppengattung eines Heeres, deren Auftrag die Förderung der Bewegung der eigenen Truppe, die Hemmung der Bewegungen des Gegners sowie die Erhöhung der Überlebensfähigkeit der eigenen Truppe ist.“ (Wikipedia). Eine Erhöhung der Überlebensfähigkeit bringt die Versorgung mit Nahrungsmittel mit sich. Das Pionierbataillon stellt die Infrastruktur für die Truppenverpflegung. Kriege wurden gewonnen, weil die Soldaten zu essen hatten. Oder wurden verloren, weil der Nachschub ausblieb. „Food will win the war“ (Nahrung gewinnt den Krieg) lautete die Parole, die vom amerikanischen Präsidenten Woodrow Wilson im Ersten Weltkrieg ausgegeben wurde, um seine Landsleute darauf einzuschwören, für ihre Soldaten, die in Frankreich kämpften, Lebensmittel zur Seite zu legen. „Meatless Mondays“ und „Wheatless Wednesdays“, also Montage, an denen auf Fleisch, und Mittwoche, an denen auf Weizen verzichtet wurde, sollten den Kämpfern zugutekommen.

Ebenso kriegsentscheidend ist die militärische Strategie, den Gegner durch Verknappung der Nahrungsmittel zu schwächen. Eine Aufgabe der Pioniere. Die „Verheerung“ ganzer Landstriche, das Abbrennen der Felder, das Abholzen der Obstbäume, die Vernichtung der agrarischen Produktionsstätten, das war schon immer eine höchst effiziente Vorgehensweise der angreifenden Kriegspartei, die ins Feindesland vordrang.

Der Obstbaum als Symbol für die Nahrung: Dem Feind wird er umgehauen, für die eigenen Soldaten wird er gepflanzt. Durchziehende Truppen oder belagernde Feinde zerstörten immer die Obst- und Weinfelder, um den Gegner entscheidend zu schwächen. So machten es die Griechen und die Römer, so geschah es unter Napoleon und die Nazis hatten dieselben Pläne.

Die Ukraine war dafür vorgesehen, nach der Unterwerfung der „Ostvölker" die deutschen Besatzer und Siedler aus Obstplantagen zu versorgen.

Die Griechen – ich meine die kriegsführenden Mächte des antiken Griechenlands – brachten von ihren Feldzügen Äpfel, Birnen, Marillen und Pfirsiche mit ins Heimatland. Die Römer, die Armeen der Herrscher des antiken Römischen Reiches, sorgten für die weitere Verbreitung des Obstes. Sie wurden in den unterworfenen Provinzen fündig – bei den Griechen zum Beispiel, auch in Kleinasien – und schufen eine bereits sehr fortgeschrittene Obstkultur, die sie in die eroberten Gebiete mitnahmen. In den römischen Siedlungen wurde nachweislich Obst angebaut. In den Gärten der Villen der Machthaber gediehen „Pomarien". Außer Wildobst war den „Barbaren", den Nicht-Römern, den Menschen ohne griechisch-römische Bildung, nichts bekannt gewesen. Die Sorten kamen mit den Eroberern.

„Die Römer als Mittler zwischen Asien und Europa brachten neben der Technik des Veredelns auch die ersten süßen Apfelsorten aus dem Mittelmeerraum in unser Land. Durch die große Ausdehnung ihres Imperiums kamen von allen Teilen des Reiches veredelte Früchte zu uns. Von den Kulturäpfeln aus dieser Zeit existiert heute noch die Sorte „Sternapi". Viele Begriffe in der Obstbautechnik haben ihren Ursprung im Lateinischen. So kommt „Pfropfen" von propagare (fortpflanzen) und „Pelzen" von pellis (Haut, Rinde, Pelz)." (Verein Hortus – Gesellschaft zur Erhaltung, Entwicklung und Förderung von Kultur- und Wildpflanzen – www.hortus-netzwerk.com.)

Gleiches wird den napoleonischen Heereszügen nachgesagt: Vernichtung und Selbstversorgung. Die Geschichtsschreibung ist hier schon viel detaillierter. Es wird von der unheilvollen Begegnung des Braunauer Apothekers Dr. Georg Liegel, eines anerkannten Pomologen, mit den marodierenden napoleonischen Truppen berichtet, die zwei Mal, beim Kriegszug von West nach Ost und beim Rückzug von Ost nach West, seine wunderbare Sammlung von außergewöhnlichen Pflaumensorten vernichteten. Jedes Mal wurde sein Obstgarten gerodet.

Im Rheintal legten die gleichen Truppen, Soldaten der napoleonischen Armee, zu ihrer Versorgung viele Hektar Obstkulturen an, nachdem die umkämpften Länder eingenommen und dauerhaft besetzt worden waren. Gerade in dieser Gegend – die Gegend des Mittelrheins und Elsass-Lothringen – tobte über Jahrhunderte, vom Dreißigjährigen bis zum deutsch-französischen Krieg 1870/71, ein Kriegsgeschehen mit Verwüstung und Hungersnot im Fall der militärischen Niederlage und ertragreichem Anbau und Prosperität im Fall der Rückeroberung und der „Befreiung". Franzosen, Preußen, Schweden, Bayern und Württemberger, auch Österreicher, viele Soldaten unterschiedlicher Nationalität tranken den Wein des jeweiligen Feindes, während den Bauern nur das Wasser blieb und nicht einmal das, wenn ihre Brunnen vergiftet wurden. Einige Anbaugebiete jener fruchtbaren Region gehen direkt auf die französischen Obstliebhaber zurück.

Die Notwendigkeit der Nahrungsmittelproduktion richtet sich nach den gesellschaftlichen Erfordernissen. In Zeiten der Expansion ist der Bedarf an Nahrungsmittel höher. Die Richtigkeit dieser Aussage lässt sich anhand eines Beispiels der neueren Geschichte zeigen.

Einzelschicksale verdeutlichen abstraktes Wissen. Was ein Einzelner erlebt, macht Geschichte erfahrbar.

Josef Rosenbeiger erhielt als Soldat der Wehrmacht in der Kaserne Buckenberg bei Pforzheim eine Spezialausbildung. 1941 wurde er drei Monate lang auf seinen Einsatz in der Ukraine vorbereitet. Er sollte dort, nachdem das Land erobert worden war, am Aufbau einer Obstplantage mitarbeiten. Vornehmlich Äpfel in großer Menge waren dazu gedacht, die Lebensgrundlagen der Besatzer und in der Folge der deutschen Siedler zu sichern. Rosenbeiger stammte selber aus dem Osten, aus Rumänien, und verstand ein wenig von Obst- und Gartenbau. Das qualifizierte ihn für die bevorstehenden Aufgaben.

Man befand sich in den Vorbereitungen für den Russland-Feldzug. Das „Unternehmen Barbarossa" brach am 22.6.1941 über die Sowjetunion herein. Das Pionierbataillon, dem Rosenbeiger angehörte, war bestimmt, einen in Zusammenarbeit von Wissenschaftlern und Ideologen ausgearbeiteten Plan umzusetzen. Schon mal etwas vom „Generalplan Ost" gehört? Mir war dieser Begriff bis zu meiner Recherche, die ich für dieses Buch anstellte, nicht bekannt und das trotz einer Schulbildung, die in Österreich als die höchste einzustufen ist. Aber in einem österreichischen Gymnasium war in den 70er-Jahren des vorigen Jahrhunderts von einem Generalplan Ost nichts zu vernehmen. Erst 33 Jahre später kam ich der Sache näher.

Der Generalplan Ost war die Anleitung zum Völkermord. Zielvorgabe: 30 Millionen Tote. Wer nicht umgebracht wird, wird vertrieben, weit, weit in den Osten, nach Sibirien. Der frei werdende Platz wird von deutschen Siedlern eingenommen. Die agrarische Infrastruktur wird übernommen, verbessert und den Bedürfnissen der „Herrenmenschen" angepasst.

Die wissenschaftlichen Grundlagen hierfür wurden an der Friedrich-Wilhelm-Universität in Berlin ausgearbeitet und durch den Vorstand des Agrarinstituts, Konrad Meyer, dem Reichsführer-SS und späteren Reichsinnenminister Himmler 1941 übergeben.

Die Nationalsozialisten, diese Verbrecher, setzten die Kriegsstrategie der Versorgung bzw. Unterversorgung äußerst konsequent und mit unglaublicher Grausamkeit durch. Ein „Hungerplan" zielte gnadenlos auf die Beseitigung des Gegners durch den Hungertod ab.

Als Hungerplan oder Backe-Plan (nach dem Staatssekretär im Reichsministerium für Ernährung und Landwirtschaft Herbert Backe) wird eine 1941 entwickelte nationalsozialistische Strategie im Rahmen der Kriegsführung gegen die Sowjetunion bezeichnet. Danach sollten die in den von der Wehrmacht besetzten Gebieten produzierten Lebensmittel an die deutschen Besatzungstruppen sowie ins Deutsche Reich geliefert werden. Dabei wurde einkalkuliert, dass infolge des Entzugs von Nahrungsmitteln bis zu dreißig Millionen Menschen in der Sowjetunion verhungerten.

„Bis zum 3. November wurden mir wieder 21 Leichen von Menschen übergeben, die ertrunken sind, weil sie versuchten, Lampedusa zu erreichen. Wie groß muss der Friedhof auf meiner Insel noch werden? Ich bin über die Gleichgültigkeit entrüstet, mich regt das Schweigen von Europa auf, das nichts sagt, obwohl es hier ein Massaker gibt, bei dem Menschen sterben, als sei es ein Krieg. Ich bin mehr und mehr davon überzeugt, dass die europäische Einwanderungspolitik diese Menschenopfer in Kauf nimmt, um die Migrationsflüsse einzudämmen. Vielleicht betrachtet sie sie sogar als Abschreckung." So sprach Giusi Nicolini, die Bürgermeisterin von Lampedusa. Ihrer Überzeugung, die Menschenopfer seien Kalkül einer europäischen Migrationspolitik, füge ich den Vergleich mit dem nationalsozialistischen Hungerplan hinzu. Das ist gewagt von mir, aber die Schreibtischtäterschaft ist eine historisch belegte Tatsache.

Rosenbeiger sollte Glück haben. Er wurde verwundet und konnte zurück in die Heimat. Andere mussten ihre Soldatenpflicht erfüllen. Ob es jemals zu einer Apfelplantage in der Ukraine gekommen ist, ist mir nicht bekannt. Josef Rosenbeiger weiß auch nichts davon, obwohl ich ihn dazu befragen konnte. Er saß mir gegenüber, denn Josef Rosenbeiger ist niemand anderer als Josef Flieger, die Hauptperson meines Buches. Der als Josef Rosenberger geborene hieß seit einem Abschreibfehler eines Wehrmachtsoffiziers bis zu seiner Heirat mit Helga Flieger Josef Rosenbeiger.

Meine Nachforschungen führten mich zum Generalplan Ost über die Beschäftigung mit den Schnitttechniken, die sich im Laufe von Jahrzehnten änderten, abhängig von den Erfordernissen, die an den Obstbau gestellt wurden. Als aus der reinen Liebhaberei der Pomologen immer stärker ertragsorientierte Gesichtspunkte hervorgingen, änderte sich auch die Bearbeitung der Obstgehölze. Der Schweizer Hans Spreng hatte an der Kantonalen Obst- und Gartenbauschule Oeschberg schon in den 20er-Jahren des 20. Jahrhunderts eine Revolution eingeleitet. Die von ihm vorgeschlagene Methode, der Oeschbergschnitt, legte das Augenmerk auf die Ernte. Egal bei welchem Obst und bei welcher Sorte, ob Kern- oder Steinobst, es sollte der Ertrag zufriedenstellen. Dieses Ziel sei einfach zu erreichen, keine Hexerei und kein Werk von Spezialisten. Seine Methode sei höchst rationell umzusetzen, um mit wenig Aufwand große Ausbeute zu erzielen.

Ökonomische Aspekte rückten in dieser Zeit immer mehr in den Vordergrund. Grundlage und Voraussetzung war die Baumgesundheit, um bei geringstmöglichem Aufwand größtmöglichen Gewinn zu erzielen, nicht nur im Vermarktungsobstbau, auch im Obstbau der Selbstversorgung. Hans Spreng verfasste Schriften (1938 erschien die *Neuzeitliche Kronenpflege der Obstbäume)*, die im Widerspruch zur Tradition standen und in weiten Kreisen auf Ablehnung stießen oder zumindest Argwohn erweckten, einen Argwohn, der lange Zeit die Fachleute in zwei Lager teilte, hier die Fortschrittsgläubigen, dort die Traditionalisten, die ihr Weltbild in Gefahr sahen.

Ich suchte nach Literatur, die ein Abbild der historischen Diskussion darstellt. So stieß ich auf den Autor Friedrich Hilkenbäumer, der 1942 seine Habilitation an der Landwirtschaftlichen Fakultät der Universität Berlin über die *„gegenseitige Beeinflussung von Unterlage und Edelreis bei den Hauptobstarten"* veröffentlichte und zwei Jahre später, 1944, ein Buch über die Grundlagen des Obstbaus. Ich fragte mich, wie der 1909 geborene Hilkenbäumer die Zeit fand, in den Kriegsjahren im wehrfähigen Alter, wie das so heißt, zu studieren und zu forschen und Bücher zu veröffentlichen. Die Erklärung fand ich darin, dass an dieser Landwirtschaftlichen Fakultät der Universität Berlin unter ihrem Vorstand Konrad Meyer der Generalplan Ost ausgearbeitet wurde. Meyer und Hilkenbäumer, Mitarbeiter von Theodor Roemer, arbeiteten für die Nazis. Alle drei waren selber Nationalsozialisten, eingeschriebene Parteimitglieder und Angehörige des Stahlhelms, der SA bzw. der SS. Ihre wissenschaftliche Tätigkeit war den Machthabern viel wert. Sie, die Gelehrten, stellten sich in den Dienst eines verbrecherischen Regimes.

Selbstverständlich war man im Krieg führenden Deutschland daran interessiert, effiziente Produktionsmethoden in der Landwirtschaft zu entwickeln. Hilkenbäumer griff die neue Schweizer Schnitttechnik auf (in seinem 1944 erschienenen Buch ähneln die abgebildeten Bäume ganz auffallend den „Oeschberg"-Bäumen) und verarbeitete sie in seinen Studien. Die „Germanisierung" des Ostens sollte die wissenschaftlichen Erkenntnisse zur Anwendung bringen. Denn, wie gesagt: In Zeiten der Expansion ist der Bedarf an Nahrungsmitteln höher.

Heutzutage besteht kein Grund, dieses Prinzip umzusetzen. Der Erwerbsobstbau operiert nach seinen eigenen Gesetzen.

Der Kapitalismus ist zwar unbarmherzig, aber dennoch nicht vergleichbar mit einer Kriegsstrategie. Die Geschichte meint es gut mit uns und beschert uns eine lang andauernde Friedenszeit, in der Prosperität und Wohlstand die Entwicklung bestimmen. Wir Glücklichen! Unsere Gärten dienen der Erholung und Erbauung. Wir dürfen uns an Blüte und Frucht erfreuen und genießen das Privileg, ohne dem Druck der Optimierung der Natur nachzuspüren und nach Lust und Laune in ihre Abläufe einzugreifen.

In der Friedenszeit hat kein Feind unsere Obstbäume umgehauen. Das haben wir schon selbst erledigt. Nach dem Zweiten Weltkrieg brach die Modernisierung über uns herein und raffte die alten Baumbestände hinweg. Es wurde „entrümpelt". Alte Obstbaumbestände, die als leistungsschwach galten, wurden gerodet, um neuen, modernen Plänen vom Obstbau zum Durchbruch zu verhelfen. Wahllos in der Gegend herum stehende Bäume sollten in Reih und Glied stehen („Habt acht!"), um Platz zu gewinnen und um eine effiziente Pflege und Ernte zu ermöglichen, neuerdings maschinenunterstützt. Der Generalplan-Obst wird umgesetzt! Apfel zu Apfel, Birne zu Birne, sortenrein und exakt im Abstand. Schluss mit dem Wildwuchs und dem Sortenwirrwarr! Reduzierung auf wenige Sorten, die dem neuen Qualitätsdenken standhalten! Tafelobst, das bei verstärkter Nachfrage plötzlich in Konkurrenz mit ausländischem Qualitätsobst stand, und weniger der Most bestimmten die Nachfrage.

In die Neupflanzung von Hochstämmen wurde kaum noch investiert. Am Ende der 50er-Jahre war manche Baumschule gezwungen, große Mengen nicht mehr absetzbarer Jungbäume zu vernichten. Stattdessen boomten die Niederstämme auf schwach wachsenden Unterlagen. Streuobstanlagen erlebten einen Niedergang ungeheuren Ausmaßes. Im gesamten Bodenseegebiet wurden beispielsweise von ehemals 2 Millionen Hochstamm-Obstbäumen 1,5 Millionen, also 75%, gerodet.

Flurbereinigung hieß das Zauberwort. Geregelt war der Umbau durch Prämien und Subventionen, durch Abschreckung und Anreiz. Die Herrschaft der Marktwirtschaft übernahm das Kommando. Die staatlichen Institutionen – Landwirtschaftskammer, Ministerium, Agrarbehörden – und die Interessenverbände diktierten die Richtlinien und Verordnungen, die sie schmackhaft zu machen wussten. Obst und Herrschaft standen wie so oft in unmittelbarem Zusammenhang. Herrschaft und Macht gingen vom kapitalistischen Wirtschaftssystem aus. Die Folge war eine tief greifende Veränderung der Landschaft.

Dort, wo Obst eine Lebensgrundlage bildete, lag es im Interesse der Herrschenden, Einfluss darüber auszuüben. Es stand in ihrem Besitz und sie hatten die Verfügungsgewalt. Darum war Obst mit Gewalt verbunden. Die genannten Beispiele im historischen Rückblick sollten das belegen. Traurig ziehen sich durch die ganze Menschheitsgeschichte kriegerische Auseinandersetzungen, in denen durchziehende Truppen oder belagernde Feinde die Obst- und Weinfelder zerstörten, um den Gegner entscheidend zu treffen.

Das Kapitel der Völkerwanderungen stellt ein weiteres Zeugnis über die vernichtende Vorgehensweise der Eroberer aus, denn mit dem Untergang des Römischen Reiches blieb nur wenig über von fruchtbaren Obstanlagen. Kaum etwas Fruchtbares und Fruchttragendes verblieb auf der weiten Flur.

Der Niedergang der Spätantike und das beginnende Mittelalter gelten als die dunkle Zeit in der Geschichte. So jedenfalls wurde es mir vermittelt und es scheint das vorherrschende Bild zu sein, das vermittelt wird. Jetzt allerdings, wo ich mich seit vielen Jahren wieder ernsthaft mit diesem Kapitel beschäftige, stelle ich fest, dass in den 90er-Jahren des vorigen Jahrhunderts ein allmähliches Umdenken bei Historikern einsetzte. Eine moderne Sichtweise sieht in der Zeit der Völkerwanderung nicht länger eine Zeit des Niedergangs, sondern spricht von einer Transformation. In dem riesigen Römischen Reich, das von England und Spanien im Westen bis ans Schwarze Meer und an den Nil reichte, somit das heutige West-, Süd-, Mittel- und Osteuropa sowie Kleinasien und Nordafrika überspannte, passierte – etwas neutraler gesprochen – ein Wandel in einem Zeitraum von an die dreihundert Jahren, vom 6. bis zum 8. Jahrhundert.

Reste einer Obstkultur, die in wenigen Inseln überdauerten, hielten sich. Eine kleine Minderheit sicherte sich den Erhalt der Früchte. Die verbliebene weltliche und kirchliche Oberschicht konnte sich den Verzehr von Früchten bewahren. In den Schlössern und Adelshäusern wuchsen weiterhin Obstbäume und Beerensträucher. Genauso privilegiert waren die Klöster, denen es gelang, ihren Reichtum zu retten. Die Fürsten und die Pfaffen gingen aus dem großen Niedergang – oder aus diesem großen Wandel – einigermaßen unbeschadet hervor. Hinter ihren Mauern blühte es nach wie vor.

Das wenige, das im öffentlichen Raum verblieb, wurde unter Schutz gestellt. Gesetzestexte, die uns erhalten blieben, zeugen von der Kostbarkeit der Früchte.

Das belegen Gesetze germanischer Stämme, in denen Obstdiebstahl und Baumfrevel entsprechende Beachtung finden und in denen ausdrücklich von Obstgärten die Rede ist, die man zu schätzen und zu schützen wusste. Die legislative Gewalt ist ein Machtmittel der Herrschenden.

So ausgeübt in der Lex Salica vom Beginn des 6. Jahrhunderts bei Westgoten (480 n. Chr.), Bayern (630–638 n. Chr.) und Langobarden (643 n. Chr.). Die darin vorgesehenen Strafen waren hart. Das gilt namentlich für das bayrische Gesetz, Lex bavarica. Schon das bloße Betreten eines fremden Gartens in diebischer Absicht wurde mit 3 Schillingen geahndet. Und wer so boshaft war, einen fremden Obstgarten mit zwölf oder mehr Bäumen zu „verderben", erlegte 40 Schillinge. Überdies musste der Frevler ebenso viele Bäume wie vorher von der nämlichen Sorte nachpflanzen und zudem für jeden Baum einen Schilling jährlich entrichten, bis die Bäume Früchte trugen.

Diese Maßnahmen sollten neben der Strafe zweifellos auch einen erzieherischen Einfluss haben und die Wertschätzung veredelter Obstbäume im Bewusstsein der Öffentlichkeit steigern.

(Zehnder/Weller, S. 12).

Wer aber war die „Öffentlichkeit", wer bevölkerte den „öffentlichen Raum"? Was kann man sich heute für ein Gesellschaftsbild vorstellen? Wer, bitte sehr, hatte denn damals, im Mittelalter, einen Garten? Sicher nicht der Großteil der Bevölkerung, der dritte Stand, die Bauern, die überwiegend Leibeigene und Hörige waren, also Unfreie, die für den ersten und zweiten Stand, für Adel und Klerus, schufteten. Mehr als 90% arbeiteten für weniger als 10% der Bevölkerung. Ackerbau und Viehzucht waren die Nahrungsgrundlage, also Getreide, Schwein, Huhn. Hatte es einen bäuerlichen Hausgarten gegeben? Schwer vorstellbar. Den Speiseplan muss man sich sehr einfach vorstellen, bestehend aus Getreidegerichten, meist Grütze, Schweineprodukten und Hühnerteilen. Die Kostzusammenstellung war für alle gleich, nur die Menge war unterschiedlich. Die meisten hatten wenig, einige genug, ganz wenige hatten viel zu essen. Vielleicht gab es manchmal Kohl und Rüben. Aber Obst, wer hatte schon Obst? Aß ein Bauer, der täglich um sein und um das Überleben seiner Familie kämpfte, jemals einen Apfel? Vielleicht. Eine Birne? Vielleicht. Eine Zwetschke? Kann sein. Ein paar Kirschen? Kann auch sein. Eine Marille? Kaum. Einen Pfirsich? Unwahrscheinlich. Der Bauer im Feudalismus hat keine Rechte, kein eigenes Land, keinen Zugang zu Märkten, keinen Einblick in das Leben anderer Gesellschaftskreise, keine Bildung und keine Ahnung, wie er dem allem entrinnen kann. Er hat garantiert andere Sorgen, als sich Gedanken um Obst zu machen. Der Großteil der feudalen Gesellschaft gehört dem Bauernstand an. Es können wirklich nur ganz, ganz wenige gewesen sein, die Obstbäume bearbeitet haben und deren Früchte genießen konnten.

Ein kleiner Teil der Menschen jener Zeit hatte die Aufgabe, das Land zu beschützen. Sie trugen Waffen und lebten abgeschieden in eigenen Siedlungen auf den Burgen. Gab es bei ihnen Obstbäume? Kann sein, ist sogar wahrscheinlich. Denn es ist überliefert, dass sie von ihren Raubzügen, die sie in weit entfernte südliche Gefilde führten, Obst heimbrachten, weniger als Früchte, denn als Kerne. Und somit sorgten sie für die Einfuhr von Marillen, Kirschen, Pflaumen und anderen neuen Obstsorten. Der Krieg war wieder einmal für die Verbreitung von Obstsorten zuständig. Die Kreuzzüge brachten unbekannte Früchte und Sorten, süß und wohlschmeckend, in das feudalistische europäische Mittelalter. Die Kreuzritter „arbeiteten“ für die Fürsten und Bischöfe. Sie waren für die weltliche und kirchliche Herrschaft unterwegs. Die Pioniere des Obstbaus waren einmal Ritter, Fürsten und Klosterbrüder. In einem ausgedünnten Garten, auf einem brachliegenden Feld ließen sie Pflanzen gedeihen und sorgten für Blüte und Frucht. Sie bewahrten nicht nur, sie erneuerten zudem. Sie setzten eine Kultur fort und gaben ihr neue Impulse. Ihr Tatendrang schuf die Voraussetzungen für alles Folgende, sie waren Bindeglied und Antreiber in einer Kulturgeschichte, die Köstlichkeiten wie Obst beinhaltet.

Pioniere im Karussell der Geschichte waren auch die Wissenschaftler, die sich in den Dienst der nationalsozialistischen Machthaber stellten. Waren sie auch Erfüllungsgehilfen für bestialische Interessen, leisteten sie dennoch zu damaliger Zeit fortschrittliche Entwicklungsarbeit. Es ist ein Spezifikum der österreichischen und deutschen Geschichte, dass die fachliche Leistung von der ideologischen Verbohrtheit getrennt wird. Das ermöglichte den tiefst im braunen Sumpf verstrickten Gelehrten eine Fortsetzung ihrer Karriere nach dem Untergang des „Tausendjährigen Reichs“. Meyer, Roemer, Hilkenbäumer: Karriere bei den Nazis, Karriere danach. Unglaublich, aber wahr!

Roemer („Für das Reichsministerium für Ernährung erstellte er ab 1941 Anbaupläne für die besetzten Gebiete in Ost-Europa.“ Aus: H. Waibel, Diener vieler Herren, Frankfurt 2011) lehrte als Direktor des Instituts für Pflanzenbau in Halle bis zu seinem Tod 1951.

Hilkenbäumer war ein angesehener Obstbauexperte mit professoraler Würde in den 50er- und 60er-Jahren in Deutschland.

„*Friedrich Hilkenbäumer (** ***26. Februar 1909*** *in* ***Dortmund****;* *†* ***17. Juni 1976*** *in* ***Bonn****) war ein deutscher* ***Obstbauwissenschaftler****. Er lehrte seit 1951 an der* ***Rheinischen Friedrich-Wilhelms-Universität zu Bonn****. Sein mehrfach aufgelegtes* ***Lehr- und Handbuch*** *über den Obstbau fand in Fachkreisen höchste Anerkennung.*“ Ich zitiere die Eintragung in der freien Enzyklopädie der Internetseite „Wikipedia“.

Schon 1947 war er wieder im Hochschulbetrieb tätig, als Ordinarius und Direktor an der Universität Halle. In Bonn wirkte er als **ordentlicher Professor** bis zu seiner **Emeritierung** im Jahre 1976. „*Sein Rat als Obstbau-Experte war in der Bundes-*

republik Deutschland und auch in den deutschsprachigen Nachbarländern begehrt. Durch ***Vorträge*** *hat er vielen Praktikern konkrete Entscheidungshilfen für den Obstbau geben können.*" (Wikipedia)

Sein nationalsozialistischer Vorgesetzter Konrad Meyer, dem es ein persönliches Anliegen gewesen war, aktiv am Kampfgeschehen teilzunehmen, musste zwar das Kriegsverbrechertribunal, die Nürnberger Nachfolgeprozesse, über sich ergehen lassen, setzte aber dennoch relativ unbeschadet seine Karriere fort. 1944 war der hochrangige Professor aufgrund seiner Überzeugung der Waffen-SS beigetreten und hatte in der Panzerdivision „Freudsberg" im Dienstgrad eines SS-Oberjunkers in Frankreich und Belgien gekämpft. Zu Kriegsende wurde er gefangen genommen, von den Amerikanern. Dieses Schicksal teilte er übrigens mit dem späteren Literaturnobelpreisträger Günter Grass, der in derselben Truppe, der SS-Panzerdivision, seinen Dienst getan hatte.

„Nach ***Kriegsgefangenschaft*** *und dreijähriger* ***Internierungshaft*** *wurde Meyer 1948 im* ***Prozess Rasse- und Siedlungshauptamt der SS*** *angeklagt. Meyer sagte im Prozess nur zu einer frühen Variante des Generalplans Ost aus und täuschte die Richter über Wesen und Ausmaß der späteren Varianten. Außerdem sagten mehrere Zeugen zu seinen Gunsten aus. Einer seiner früheren Mitarbeiter, der Agrarwissenschaftler* ***Herbert Morgen****, erklärte eidesstattlich, dass ‚viele Forschungsergebnisse von Prof. Meyer einen bleibenden Wert' hätten. Meyer wurde in zwei von drei Anklagepunkten (****Verbrechen gegen die Menschlichkeit*** *und* ***Kriegsverbrechen****) freigesprochen. Im dritten Anklagepunkt (Mitgliedschaft in einer verbrecherischen Organisation) wurde er schuldig gesprochen. Das Urteil lautete auf 2 Jahre und 10 Monate Haft, die durch die Internierungszeit abgegolten war, sodass er anschließend freigelassen wurde.*

Seit 1949 leitete Meyer den Saatzuchtbetrieb Rimpau in ***Voldagsen*** *bei* ***Einbeck****. In den folgenden Jahren publizierte er mehrere Beiträge über Sortenversuche. In seiner 1953 veröffentlichten Schrift Nahrungsraum und* ***Überbevölkerung*** *behandelte er globale Fragen der Ernährung. 1956 wurde Meyer als* ***ordentlicher Professor*** *auf den Lehrstuhl für Landesplanung und Raumforschung an der Fakultät für* ***Gartenbau*** *und Landeskultur der* ***Technischen Universität Hannover*** *berufen. Hier* *wirkte er, zeitweise als Kollege seines früheren Mitarbeiters Heinrich Wiebking-Jürgensmann, bis zu seiner* ***Emeritierung*** *im Jahre 1968. Sein wissenschaftliches Hauptwerk aus dieser Zeit ist das Buch Ordnung im ländlichen Raum (1964), eine umfassende Darstellung des Problems, ländliche Räume den Bedingungen der modernen* ***Industriegesellschaft*** *anzupassen. Er war unter anderem Mitglied der* ***Akademie für Raumforschung und Landesplanung*** *und wurde in den 1950er-Jahren weiterhin von der Deutschen Forschungsgemeinschaft gefördert.*" Ich zitiere wiederum Wikipedia.

„*Zusammenfassung* (ich zitiere aus dem Dokument „100(0) Schlüsseldokumente zur deutschen Geschichte im 20. Jahrhundert", einem mehrjährigen Projekt des Lehrstuhls für Osteuropäische Geschichte an der Universität Erlangen-Nürnberg):

Am Generalplan Ost lässt sich exemplarisch zeigen, wie eng Vernichtung und Neuordnung, Vertreibung und Siedlungsplanung in Osteuropa während des Zweiten Weltkriegs miteinander verschränkt waren und wie deutsche Wissenschaftler und Experten einen Völkermord gigantischen Ausmaßes zu billigen und zu unterstützen bereit waren. Vertreibung und Vernichtung setzten die Planungen bereits voraus: Die diversen Versionen des Generalplans Ost kalkulierten die Abwesenheit mehrerer Millionen Menschen schlichtweg als feste Größe ein. Konrad Meyer, federführender Verfasser der Pläne, sowie seine Mitarbeiter und Kollegen konnten ihren Anteil nach 1945 erfolgreich verschleiern und ihre Karrieren in der Bundesrepublik fortsetzen."

Ein sehr berührendes Zeugnis von persönlicher Betroffenheit, verbunden mit historischen Gegebenheiten, fand ich in der Suchmaschine des Internets unter folgender Adresse:
Mein Onkel – Konrad Meyer|Fritzberkner.de

Der Agrarökonom Fritz Berkner soll das Schlusswort dieses Kapitels erhalten:

„So bin ich – seltsame Verkettung – sowohl von Vater- als auch von Mutterseite mit diesem Onkel verwandt, dessen Beruf ich ergriffen habe und dessen Lebenswerk für mich Anlass ist, gegen jegliche Ideologisierung und Fanatismus aktiv anzukämpfen. Ich kenne ihn noch persönlich, wusste jedoch zu der Zeit nichts über seine Vergangenheit, über die nie geredet wurde."

Oeschberg

Als Einsteiger in das Handwerk des Obstbaumschnitts, der ich vor fünf Jahren war, kam mir der Fachbegriff „Öschbergschnitt“ zu Gehör. Bereits bei meinem ersten Schnittkurs, den ich bei Ferdinand Baumgartner in Hallwang machte, tauchte dieser, anfangs ominöse Ausdruck auf. Erst im Laufe meiner Ausbildung sollte mir klar werden, was damit gemeint ist.

Der Oeschbergschnitt zielt auf eine vom Kundigen gestaltete Baumkrone der Hoch- und Halbstämme ab. Regelmäßig, bis ins hohe Alter, soll der frei stehende Obstbaum – Kernobst wie Steinobst – Qualitätsfrüchte tragen. Die Erntearbeit ist dabei einfach durchzuführen, das verspricht die Methode.

Der Kronenaufbau sieht einen Mitteltrieb und drei bis vier Leitäste vor. Das ist das Gerüst des Baumes, das Fruchtäste und Fruchtholz wachsen lässt, auf dem der Behang ruht. Der Baum wird strukturiert und in Gerüst- und Ertragsholz eingeteilt, mit unterschiedlichen Funktionen. Das Gerüst ist der stabile Bereich, der in der Erziehung aufgebaut und zeitlebens beibehalten wird. Der Ertrag sitzt am Fruchtholz, das stets erneuert wird. Die Schnitttechnik hält den oberen Bereich kurz, um den unteren nicht zu benachteiligen. In der Erziehung wird auf die Kräftigung des Gerüstes, die durch jährlichen Anschnitt des Leittriebes erreicht wird, besonderes Augenmerk gelegt. In der Ertragsphase erfolgt eine Fruchtholzrotation, durch Schnitt werden abgetragene Triebe entfernt, um junge Kurztriebe zu fördern.

Die Stellung der Haupttriebe ist absolut gleichwertig, der Mitteltrieb darf keineswegs dominieren. Wachstum erfolgt in den relativ steil stehenden Leittrieben. Hier liegt die Kraft des Baums. Auf Seitenäste wird verzichtet, um sich Arbeitseingänge in die Krone zu belassen. Diese Architektur gewährleistet günstige Lichtverhältnisse und erleichtert die Arbeit mit der Leiter, sowohl beim Schnitt als auch bei der Ernte. Die Oeschbergkrone scheint wirklich eine Menge Vorteile zu bieten.

Baumgesundheit, Gerüststabilität, Bewirtschaftbarkeit sind die Leitgedanken dieser Form der Obstbaumpflege, die sich jener Schnitttechnik bedient.

Die Methode kommt aus der Schweiz und nahm in der Ortschaft Oeschberg ihren Ausgangspunkt. Oeschberg liegt zwischen Bern und Zürich in einer Gegend mit langer Tradition im Obstbau. Hier wurde sie vom Leiter der Schweizerischen Zentralstelle für Obstbau, Hans Spreng, entwickelt und gelehrt.

Hans Spreng muss in den 20er-Jahren des vorigen Jahrhunderts eine Diskussion in Gang gebracht haben, die das Volk der Baumwärter und Gelehrten entzweite. Ich konnte mir kein Bild von jenem Hans Spreng machen. Denn trotz intensiver Bemühungen, Informationen zur Person zu finden, gelang es mir nicht, biografische Daten mit literarischer Aussagekraft zu bündeln.

Die Oeschbergkrone eines großkronigen Obstbaums ist in ihrer Effizienz nicht zu übertreffen. Sie ist aufgrund ihrer rationellen Herstellung und relativ einfachen Erhaltung ein Lichtblick im Liebhaberobstbau und in der Selbstversorgung. Längst ist die Oeschbergkrone das Maß aller Dinge. Im Liebhaberobstbau ist sie der Standard, wie es im Erwerbsobstbau die Spindel geworden ist. Die Kämpfe, oftmals ideologischer Natur, sind ausgefochten. Wird auch heute noch von einer Pyramidenkrone gesprochen, meint man eigentlich die Oeschbergkrone. Die Pyramidenkrone der Pomologen des 18. Jahrhunderts war ein auf kurzes Fruchtholz geschnittener Formbaum.

Die Leistungsfähigkeit der Krone im Hinblick auf Aufwand und Gewinn hat sich in Richtung Spindel verlagert. Wirtschaftliche Interessen haben das bewirkt. Die Nachfrage und die Kaufkraft führten zu dem Tafelobst, wie es heute in unseren Supermärkten liegt. Eine Massenware, von einer Industrie erzeugt, von reichen Konsumenten gekauft. (Reich im Sinn der Eigentumsverhältnisse in den Industrieländern im Vergleich zu den weniger entwickelten Ländern.)

Die Grundlage für das Tafelobst ist die Plantage. Die wäre nicht ohne schwach wachsende Unterlagen möglich.

Waren Nachfrage und Kaufkraft die Triebfedern der Entwicklung, die am Beginn des 20. Jahrhunderts in einer Schweizer Gartenbau-

schule zur Oeschbergmethode führten? Denn die Schweiz, ähnlich wie die USA, hatte einen ökonomischen Vorsprung.

Als „revolutionäres" Verfahren fand die „Oeschbergmethode" Eingang in die Lehren der deutschen Obstbaumkunde. Das soll aber nicht heißen, dass es nicht auch heftigen Widerstand gegen diese Neuerungen gegeben hätte. Es soll auch heute noch Gegner des Oeschbergschnitts geben. Damals widersprach die Theorie aus der Schweiz dem deutschen Lehrbuch, war doch der Aufbau des deutschen Musterbaums viel astreicher und weniger klar strukturiert. „Viel Holz bringt viel Obst" lautete die Devise. Auf mehreren Astetagen sollte eine Menge Obst hängen. Die Qualität des Tafelobstes war nicht das vorrangige Ziel.

Es dauerte lange, bis man sich von der Idee mehrerer Astetagen verabschiedete. Dabei liegen die Nachteile auf der Hand. Die Vielzahl der Äste verhindert, dass der einzelne Ast kräftig genug ist, die Last der Früchte zu tragen. Der Ast senkt sich, er entwickelt einen Fruchtbogen, es entstehen Überbauungen, die Krone wird unübersichtlich und die produktive Zone verlagert sich mehr und mehr nach oben. Durch Lichtmangel verkahlen die unteren Kronenbereiche. Der Pflegeaufwand ist hoch, um den Gesundheitszustand zu wahren und um Schäden durch Fruchtlast zu verhindern. Schädlings- und Krankheitsbekämpfung oder das Anbringen von Stützvorrichtungen sind erforderlich. Die Ernte gestaltet sich zudem schwierig. Man tut sich schwer, im dichten Astgewirr die Leiter anzulegen und muss sehr hoch hinauf.

Ein Meinungskonflikt war unausweichlich. In der Landwirtschaft überwiegen die konservativen Energien – ich glaube, darüber gibt es keinen Zweifel. Wer da kommt und was Neues will, hat es schwer. Warum sollte man was ändern? Es war doch immer so. Es ist gut, wie es ist.

Nur, die Zeiten ändern sich. Entwicklungen gehen voran. Ganz klar – im 20. Jahrhundert passierte wahnsinnig viel. Wieso sollte der Obstbau ausgeschlossen sein? Ich bin kein Soziologe und beurteile die Dinge also laienhaft. Aber die Bedeutung der Hausgärten stieg sicherlich ungemein. Man baute sich ein Häuschen und pflanzte einen Obstbaum in seinem schönen Garten. Eine ganze Gesellschaftsschicht wollte auf einmal etwas machen, das es bislang so nicht gab. Die wirtschaftliche Entwicklung machte es möglich. Mir scheint es einleuchtend, dass die Fünfzigerjahre andere Bedürfnisse produzierten als die Jahrzehnte davor. So sehe ich die Verbreitung des Oeschbergschnitts als Ausdruck des Strebens nach Erfolg, der möglichst einfach mit einem optimalen Ergebnis zu erreichen ist. Aber das zu zeigen wäre Aufgabe der Wissenschaft, insofern ist meine These auch etwas kühn.

Bleiben wir bei den Fakten. Der Oeschberschnitt war neu und führte zu Konflikten, wie etwa dem Württemberger Obstkrieg, der tatsächlich belegt ist. Im Kapitel „Pioniere und Rebellen“ gehe ich näher darauf ein.

Fakt ist, dass die Fachwelt erhebliche Zeit brauchte, um etwas in ihre Theorie aufzunehmen, was schließlich doch in der Praxis Gültigkeit erlangte. Einer Phase der Unschlüssigkeit folgte die Überzeugung, dass weniger mehr ist. Besser die Natur (den Baum) einzuschränken, um schönere Früchte zu erhalten. Also nur drei oder vier Leitäste, keine Astetagen, Schnitt auf Fruchtholz in einer lockeren, lichtdurchfluteten und klein gehaltenen Krone.

Heute noch wird in Lehrbüchern anhand von Zeichnungen veranschaulicht, was gemeint ist, mit Mitteltrieb und drei Leitästen. Zeichnungen anstatt Fotos, es mangelt offenbar an brauchbarem Bildmaterial. Autoren, die das Schweizer System abhandelten, griffen gerne auf die Aufnahmen Hans Sprengs zurück. Dieser Umstand macht deutlich, dass die Sache mit dem „Oeschbergschnitt“ nicht so klar und eindeutig ist, wie man meinen würde.

Nach dem erstmaligen Auftauchen der neuen Lehre sollte ein Vierteljahrhundert vergehen und anscheinend brauchte es wieder einmal einen Rebellen, bis sie Fuß zu fassen schien. In den Fünfzigerjahren des vergangenen Jahrhunderts erfuhr die Idee aus Oeschberg einen Durchbruch. Ein Obstbaumkundiger in Baden-Württemberg erkannte die Bedeutung der Oeschbergmethode und machte sie zum Mittelpunkt seines Wirkens. Helmut Palmer, ein Pionier, setzte sich mit großem Einsatz für die Verbreitung der Idee ein. Es gelang ihm, den

Begriff „Oeschbergschnitt“ nicht nur in Fachkreisen publik zu machen, seinem charismatischen Auftreten ist es zuzuschreiben, dass diese Schnitttechnik als „Palmerschnitt“ populär wurde. Dieser Mann gelangte als „Remstal-Rebell“ zu überregionaler Berühmtheit. Dafür war auch sein oftmals ungestümes Eintreten für Menschenrechte, gegen Antisemitismus und Obrigkeitsdenken verantwortlich. Er avancierte vom Baumprediger zum Bürgerrechtler, der sich politisch kompromisslos engagierte.

In seinem Wirken, sehr volksnah, fasste Palmer die Thesen recht anschaulich zusammen:

- Was steil steht, wächst am besten.
- Was flach steht, trägt am besten.
- Was unter die Waagrechte kommt, stirbt langsam ab.

Die darin enthaltenen Wuchsgesetze führen zur funktionalen Trennung von steil stehendem Gerüst und flach wachsendem Fruchtholz. Die entsprechende Kronenerziehung ist leicht erlernbar. Palmer machte es sich zur Aufgabe, die interessierte Bevölkerung vom „Chaotenobstbau zum Naturobstbau“, wie er in seinen Schriften bemerkte, zu leiten.

Helmut Palmer muss ein sehr unkonventioneller Mensch gewesen sein. Er suchte die Öffentlichkeit, um seine Ansichten lautstark zu vertreten, sei es auf dem Markt, wo er sein Obst verkaufte, sei es in politischen Versammlungen. In seinem Landkreis war er bekannt, geschätzt und verehrt von seinen Anhängern, angefeindet und geschmäht von seinen Gegnern. Er scheute nicht davor zurück, sich mit der von ihm in ihrer Menschenfeindlichkeit angeprangerten Obrigkeit anzulegen. Gerichtsstrafen und sogar Gefängnisaufenthalte musste er in der Folge auf sich nehmen.

Der Mensch Palmer muss ein schwieriger gewesen sein. Seine Kompromisslosigkeit erschien oft als Sturheit, die selbst nahestehende Menschen den Kopf schütteln ließ. Mit der gleichen Verbissenheit, mit der er sich für Bürgerrechte einsetzte, drängte er auf einen naturnahen, baumgerechten Obstbau. Die Oeschbergmethode entsprach seinen Ansichten. Sicherlich war er es gewohnt, auf Widerstand zu stoßen. Ein rebellischer Geist braucht das vielleicht. Tradition führt zu Umsturz, früher oder später, und irgendwer muss die Rolle des Rebellen übernehmen.

Mitte des 20. Jahrhunderts machte man sich Gedanken, den Obstanbau zu intensivieren. In der Zeit des Nationalsozialismus stand die Beschaffung von Lebensraum und Nahrung für Zwecke, die nur allzu gut bekannt sind, zu Gebote. Die Anstrengungen, eine Krieg führende Nation zu ernähren, wurden verstärkt. Obst ist gesund – ich kann mir gut vorstellen, wie dieser Spruch ideologisch missbraucht wurde. Forschungen im Obstbau wurden nachweislich in den Kriegsjahren durchgeführt und veröffentlicht, z. B.:

Versuche zur Behebung des Keimverzugs bei Steinobstsamen und zur Klärung seiner Ursache. Diss. agr. Landw. Fak. Univ. Berlin 1936. – Zugl. in: Landwirtschaftliche Jahrbücher Bd. 82, 1936, S. 883–924.

Die gegenseitige Beeinflussung von Unterlage und Edelreis bei den Hauptobstarten im Jugendstadium unter Berücksichtigung verschiedener Standortverhältnisse. Habil.-Schr. Landw. Fak. Univ. Berlin 1942. – Zugl. in: Kühn-Archiv Bd. 58, 1942, S. 1–216.

Obstbau. Grundlagen, Anbau und Betrieb. Verlag Paul Parey, Berlin 1944; 2. Aufl. ebd. 1948; 3. Aufl. ebd. 1953; 4. Aufl. ebd. 1964.

Der Autor dieser wissenschaftlichen Arbeiten und Herausgeber eines grundlegenden Fachbuches ist ein gewisser Friedrich Hilkenbäumer, geboren 1909 in Stuttgart. Wieso blieb ein dreißigjähriger, männlicher, deutscher Staatsbürger davor verschont, sein Leben an der Front in Gefahr zu bringen? War für die Kriegstreiber die Versorgungsfrage wirklich so wichtig? Es sei dem Herrn Hilkenbäumer gegönnt, dass er dem Schlachten entkommen konnte, aus welchen Gründen auch immer.

Meine These ist einfach die, dass Innovationen dann entstehen, wenn äußere Umstände sie erforderlich machen.

Die Oeschbergkrone eines großkronigen Obstbaums ist in ihrer Effizienz nicht zu übertreffen und fand deshalb Eingang in die Kriegshirne. Sie ist aber auch aufgrund ihrer rationellen Herstellung und relativ einfachen Erhaltung ein Lichtblick im Liebhaberobstbau. Längst ist die Oeschbergkrone das Maß aller

Dinge. Im Liebhaberobstbau ist sie der Standard, wie es im Erwerbsobstbau die Spindel geworden ist. Die Kämpfe, oftmals ideologischer Natur, sind ausgefochten. Wird auch heute noch von einer Pyramidenkrone gesprochen, meint man eigentlich die Oeschbergkrone. Die Pyramidenkrone der Pomologen des 18. Jahrhunderts war ein auf kurzes Fruchtholz geschnittener Formbaum.

Die Leistungsfähigkeit der Krone im Hinblick auf Aufwand und Gewinn hat sich in Richtung Spindel verlagert. Wirtschaftliche Interessen haben das bewirkt. Die Nachfrage und die Kaufkraft führten zu dem Tafelobst, wie es heute in unseren Supermärkten liegt. Eine Massenware, von einer Industrie erzeugt, von reichen Konsumenten gekauft. (Reich im Sinne der globalen Eigentumsverhältnisse.)

Die Grundlage für das Tafelobst ist die Plantage. Die wäre nicht ohne schwach wachsende Unterlagen möglich.

Waren Nachfrage und Kaufkraft die Triebfedern der Entwicklung, die am Beginn des 20. Jahrhunderts in einer Schweizer Gartenbauschule zur Oeschbergmethode führten?

Das Sein bestimmt das Bewusstsein, so drücken es Marxisten aus.

Eroberung ist ein zielgerichteter Akt, grausam mit seinen Mitteln, die alles dem Zweck unterwerfen und deshalb auch sehr erfinderisch sein können. Kriegsstrategien rufen die Pioniere auf den Plan. Die Aufarbeitung der Kriegsschäden mobilisiert ungeheure Kräfte, Not macht erfinderisch. Pioniere sind wiederum gefragt.

Die Oeschbergmethode als Rationalisierung zur Ertragssteigerung entsprach einem gesellschaftlichen Bedürfnis. Die Notwendigkeit, im Wiederaufbau alle Anstrengungen und Leistungen zu verdoppeln, führte zum sogenannten Wirtschaftswunder. Das war genau die Zeit, in der ein Helmut Palmer für Aufregung sorgte.

Allerdings ist es wichtig, eine Trennung von erwerbs- und subsistenzwirtschaftlicher Ausrichtung im Obstbau zu machen. Die großkronigen Bäume hatten im Verlauf des 20. Jahrhunderts zunehmend ihre Bedeutung im Erwerbsobstbau verloren.

Gründe hierfür sind der erhöhte Aufwand in der Kronengestaltung und -pflege und der damit verbundene Zeitaufwand. Der verhältnismäßig spät einsetzende Ertrag liegt nicht im Interesse eines Wirtschaftstreibenden. Der Erwerbsobstbau hatte mehr und mehr auf schwach wachsende, dicht stehende Niederstämme umgestellt.

Der Hoch- und Halbstamm blieb der Baum der agrarischen Produktion, der Selbstversorgerkultur und der Erzeugung von Wirtschaftsobst, in der Hauptsache von Most.

Aber auch in diesem Sektor wurde nach dem Zweiten Weltkrieg eine Intensivierung angestrebt. Entrümpelung wurde propagiert. Flurbereinigung!

Durch den Agrarstrukturwandel konzentrierte sich die Landwirtschaft auf produktive Standorte. Sortenbereinigung und Sortenumstellung, verbunden mit gravierenden Eingriffen in den Baumbestand, wurden mit Rodungsprämien und Förderungen staatlich gelenkt.

Großkronige Bäume wurden zunehmend als Auslaufmodell behandelt. Ein Trend, der sich diesem Auslaufmodell widmete, verstand sich als sogenannter natürlicher Obstbau. Der Rationalitätsgedanke legte einen minimalen Aufwand an Kronen gestaltenden Maßnahmen nahe und führte zu den bekannten Problemen unbeschnittener Obstbäume. Zunehmende Verwahrlosung war die Folge.

In der Schweiz etablierte sich eine wirtschaftliche Nutzung der großkronigen Obstbäume dank des Oeschbergschnitts. Deutschland und Österreich verzettelten sich in Detailfragen zu sortenspezifischen Maßnahmen und Schnittverfahren. Der Oeschbergschnitt kann – nach Palmer – auf alle Obstbäume, mit Ausnahme des Nussbaums, angewendet werden.

Josef Flieger erzählt, wie sie 1972 zur Fortbildung in die Schweiz gefahren waren. Jedoch konnte die Salzburger Delegation interessierter Obstbauberater den Gedanken der rationellen Pflege der bäuerlichen Obstgärten nicht zum Durchbruch verhelfen. Die Unsicherheit war zu groß. Den Schwerpunkt legte man auf die Dorferneuerung im Sinn der touristischen Nutzung. Betten statt Bäume.

Streuobst

Die Streuobstwiese ist heutzutage ein Auslaufmodell. Sie hat nur geringen ökonomischen Wert. Das ist oftmals ihr Todesurteil. Es ist heutzutage nicht ihr Marktwert, der sie attraktiv macht. Es ist ihr ideeller Wert, der in einer Welt, die mehr und mehr dem Postulat des Nutzens und der Gewinnmaximierung unterworfen ist, ein Gegengewicht darstellt. Es ist kein großes Geschäft mit ihr zu machen und dennoch oder gerade deswegen ist sie ein Begriff für Lebensqualität. Besinnt sich der Mensch auf Werte wie Glück, Vitalität, Schönheit, Vielfalt, Natürlichkeit, so sieht er in der Streuobstwiese ein Refugium, in dem er Kraft tanken und regenerieren kann.

Die Kräfte der Marktwirtschaft sind ungeheuer stark. Ihren Gesetzen ist kaum etwas gewachsen. Natürliches Wachstum und das Wachstum der Wirtschaft stehen nur allzu oft in einem Konflikt, der gnadenlos die Natur vernichtet. Die Drahtzieher, die Player, die Value Holder übersehen, dass der Ausgang dieses Konfliktes unseren Untergang bedeuten kann.

Die Rettung der Streuobstwiese aus ideellen Beweggründen allein wird nur schwer gelingen. Das Erstarken der Ökologiebewegung in den letzten Jahrzehnten ist erfreulich und gibt dem Streuobst Auftrieb. Die Hoffnung lebt! Aber erst ökonomische Gründe – handfeste Umsatzzahlen – können einen Fortbestand der großen Streuobstwiesen sichern.

Saft- und Mostherstellung und Schnapsbrennen sind ein Grund für den Erhalt der Streuobstwiese aus wirtschaftlichen Überlegungen. Diese Form der Obstverwertung rentiert sich auch heute noch oder deckt zumindest den Eigenbedarf und erspart dadurch Ausgaben.

Sehr aufschlussreich ist in diesem Zusammenhang die Diplomarbeit von Reinhard Kern „Bedeutung und Wirtschaftlichkeit des Streuobstbaus in Österreich", verfasst im Jahr 2006 an der Universität für Bodenkultur in Wien. Es gibt meines Erachtens keine bessere Arbeit zum Thema.

Niederösterreich konnte ein Modell entwickeln, das eine blühende Zukunft für die dort seit Generationen stehenden Birnbäume in Aussicht stellt. Die Birnbäume des Mostviertels werden deshalb weiter bestehen, weil sie für den Tourismus entdeckt wurden. Jemand macht ein Geschäft mit der Natur. Das ist ihre – womöglich einzige – Chance.

Das Land Niederösterreich zeigt sich von einer vorbildlichen Seite in Sachen Natur. Immer wieder stoße ich auf Druckwerke, Broschüren, Bücher, die von der Landesregierung gefördert oder tatsächlich publiziert werden und die ein spezielles Kapitel des Natur- und Umweltschutzes beleuchten. „Natur im Garten" widmet sich auch dem Obstbau in recht ansprechender Form. Pioniere oberster Güte sind die Betreiber der „Arche Noah", denen es gelungen ist, sich von Enthusiasten zu ökonomisch verankerten Experten mit hoher Reputation zu mausern.

Löbliche Initiativen beißen sich in der Regel die Zähne aus, wenn nicht das Kunststück gelingt, eine „Wertschöpfung" zu erzielen. Wenn Streuobst zum Wirtschaftsfaktor wird, hat es Bestand. „Nur" Naturschutz ist was für Träumer.

Apropos Träumer. Ich selber bin auch einer und möchte die Kraft der Träume und Visionen gar nicht kleinreden. „Frage nicht, was die Welt braucht. Frage, was dich lebendig sein lässt, und dies tue. Denn dies ist es, was die Welt braucht – Menschen, die lebendig geworden sind", meinte Howard Thurman, ein afroamerikanischer Schriftsteller, Philosoph, Bürgerrechtskämpfer und Prediger im frühen 20. Jahrhundert, der im selben Atemzug zu erwähnen ist wie Henry David Thoreau und Mahatma Gandhi. Alles Träumer. Träumer aber, die am Rad der Geschichte drehten. Man spricht heute noch von ihnen, liest ihre Schriften und nimmt Bezug auf sie, um die Welt zu verändern.

Die Streuobstkultur hat eine Fürsprecherin gewonnen. Die ARGE-Streuobst (Österreichische Arbeitsgemeinschaft zur Förderung des Streuobstbaus und zur Erhaltung obstgenetischer Ressourcen) hat sich vor ein paar Jahren zur Aufgabe gemacht, für den Erhalt der letzten Streuobstwiesen einzutreten. Sie ist vernetzt mit ähnlichen Initiativen, die in Deutschland, speziell in Bayern und Baden-Württemberg, entstanden sind.

Vom Bodensee über das Allgäu, den Chiemgau und das oberösterreichische Obst-Hügel-Land bis nach Niederösterreich und ins Südburgenland streben zahlreiche Initiativen und Vereine den Erhalt und die Neuanlage von Streuobstwiesen im Sinne eines nutzungsorientierten Naturschutzes an. Beteiligt sind Behörden und Forschungs- und Lehranstalten neben zahlreichen engagierten Privatpersonen und Initiativen aus dem NGO-Bereich.

Am 12. und 13. September 2014 wurden in Prien am Chiemsee die Bayrisch–Österreichischen Streuobsttage veranstaltet. Auf deutscher Seite zeichnete das Landratsamt Rosenheim als Kontaktadresse verantwortlich, auf österreichischer Seite die Landwirtschaftskammer Salzburg als Vertreterin der ARGE-Streuobst.

„Um die Streuobstanlagen und den Selbstversorger-Obstbau zu erhalten und zu erweitern veranstaltet BIO AUSTRIA Salzburg den Kurs: ‚Wirtschaftliche Nutzung von Streuobstbeständen'", so geschehen im November 2013.

Der Verein Erdlinge legte unter tatkräftiger Mithilfe seiner Mitglieder und mit meiner fachlichen Unterstützung im Frühjahr 2014 im Salzburger Stadtteil Liefering eine Streuobstwiese auf ca. 4000 m^2 brachliegender Wiese an. Wir pflanzten Apfel-, Birn- und Zwetschkenbäume, setzten zusätzlich Stecklinge für Beerenobst und träumen von einem kleinen Paradies inmitten der Stadt, mit Obstbäumen, Vogelgezwitscher, Sitzbänken und Menschen, aber auch Tieren, die sich des Lebens erfreuen.

Anzeichen für Bemühungen zum Erhalt und zur Neuanlage von Streuobstbeständen sind also durchaus feststellbar. Das Thema ist nicht gestorben.

>*Größere, landschaftsprägende Streuobstwiesen finden sich heute noch in* ***Österreich****, in* ***Süddeutschland****, am Nordhang des* ***Kyffhäusergebirges*** *(eine Mittelgebirgsgegend in Thüringen und Sachsen-Anhalt, Anm.) und in der* ***Schweiz****. Die größten Bestände finden sich am Fuß der* ***Schwäbischen Alb.***< So ist es in Wikipedia nachzulesen.

Ökologisch interessant und wertvoll finden die Streuobstbestände auch die Ornithologen, die sich deshalb auch für den

Erhalt einsetzen. Das Biotop Streuobstwiese ist der ideale Lebensraum für einige Lebewesen und dessen Bedeutung geht über die Nutzung zur Obstverwertung hinaus. Organisationen wie der NABU (Deutschland) und Birdlife haben deshalb besonderes Interesse, in einer naturnahen Kulturlandschaft einer großen Anzahl von Tier- und Pflanzenarten Lebensraum zu schaffen. Spechte zimmern Höhlen in den alten Hochstämmen und Steinkauz, Wendehals oder Wiedehopf, auch Fledermäuse und Siebenschläfer ziehen als Nachmieter ein. Die Vögel haben ein reiches Nahrungsangebot an Insekten, Raupen und Kleinlebewesen, genauso wie Igel, Blindschleiche und Erdkröte, Mauswiesel und Eidechsen. Honigbienen, Wildbienen, Hummeln und Schwebfliegen, seltene Falter und andere, die sich in der aufgeräumten Landschaft schwertun, finden einzigartige Bedingungen vor.

Die größten Streuobstbestände gibt es in Baden-Württemberg, dementsprechend stark ist hier auch deren Lobby aufgestellt. Regelmäßig werden in Orten mit aktiven Obst- und Gartenbauvereinen Schnittkurse angeboten. Der Landesverband für Obstbau, Garten und Landschaft Baden-Württemberg e.V. (LOGL), der immerhin 90.000 Mitglieder zählt, nimmt sich mit einer speziellen Ausbildung der Sache an. „Ziel der landeseinheitlichen Ausbildung zum Fachwart für Obst und Garten ist die Förderung des landschaftsprägenden Streuobstbaus“, steht in seiner Ausschreibung.

Waren es einst ökonomische Interessen, die die Streuobstbestände entstehen ließen, war es genauso der Verlust dieses Interesses, der diese Bestände wieder schrumpfen ließ. Der übermächtige Trend zur Globalisierung und zur Nivellierung förderte die Vermarktung weniger Massenprodukte auf Kosten der regionalen Vielfalt mit hohem Arbeitsaufwand und vergleichsweise wenig Ertrag. Streuobstwiesen entstanden relativ spät, im 18. und vor allem im 19. Jahrhundert, als Ergebnis der Umstellung vom Weinanbau zur Erzeugung von Obstprodukten wie Most, Dörrobst und Obstmus. Obst erhielt das Prädikat „gesund“ und sollte den allgemeinen Wohlstand heben. Die Herrschenden unterstützten und lenkten das Bemühen, Obstbäume aus den Gärten in die Landschaft zu bringen. Bepflanzt wurden Wege und Straßen und die Grünbereiche um Siedlungen und Städte. Die Obrigkeit erließ Verordnungen und Gebote zur Entfaltung des Obstbaus, sie setzte die Beschädigung und Vernichtung von Obstbäumen unter Strafe. Allmählich ergab sich auch für die Bauern eine zusätzliche Einnahmequelle und eine Verschiebung vom Selbstversorgerobstbau zu einem Wirtschafts- und Verwertungsobstbau. Zwar blieb das flache, ebene Land der Feldwirtschaft vorbehalten, aber in Hanglage und auf schlechten Böden gedieh in klimatisch begünstigten Regionen der Mittelgebirge neben Wein das Obst. Frost und Schädlingskalamitäten setzten dem Wein immer wieder stark zu, die aus Amerika eingeschleppte Reblaus besiegelte schließlich seinen Untergang. Aus einer anfänglichen Doppelnutzung – sowohl Wein als auch Obst, um bei Ausfall der Weinernte immerhin noch Obst zu ernten – wurde mehr und mehr dem Obstbau der Vorzug gegeben. Nur in den besten Lagen wurde nach der Vernichtung der Weinreben durch die Reblaus auf resistenten Unterlagen ein Neuanbau aufgezogen. Streuobstwiesen entstanden also ausschließlich auf jenen Anbauflächen, die für sonst nichts geeignet waren.

Um die Wende zum 20. Jahrhundert ersetzte der Erwerbsobstbau mehr und mehr den Selbstversorgerobstbau. Ein Markt für Produkte der Obstverwertung war entstanden, die Nachfrage nach Most und Trockenfrüchten so gestiegen, dass sie nur durch Einfuhren aus industriell wirtschaftenden Erzeugerländern gedeckt werden konnte. Am Stuttgarter Bahnhof wurden Waggonladungen von Obst aus Frankreich, Belgien, der Schweiz, aus Tirol und Italien umgeschlagen. Im Handel waren bereits Obst und Obstprodukte aus den USA erhältlich. Obst war ein Handelsartikel geworden, den zu produzieren es sich lohnte. Diese Verdienstmöglichkeit wollte man sich auch in Deutschland nicht entgehen lassen und die Zahl der Erzeuger und Händler wuchs. Für viele Bauern war es die Gunst der Stunde, die brachliegenden Rebflächen und wenig ertragreichen Böden neu zu bepflanzen und/oder auf Dichtpflanzungen umzustellen. Die Doppelnutzung des landwirtschaftlichen Bodens mit Obstbau und Unterkultur war umso beliebter. Gleichzeitig folgte man dem Ruf nach Sortenreduzierung, um rationeller wirtschaften zu können.

Einen maßgeblichen Anteil an dieser Entwicklung hatten die Baumwarte, die als Bezirksbaumwärter und Gemeindebaumwärter (so in Baden-Württemberg) ihr Wissen gegen Entlohnung weitergaben. Jeder Baumwart hatte seine eigene Baumschule, was mir als Grundlage für den Ausbau der Obstverwertung erscheint.

Ein Charakteristikum der Streuobstwiesen ist der Hochstamm, weil der Bauer das Land unter dem Baum auch noch nutzen konnte, als Weide oder zum Anbau von Futterpflanzen, Beeren oder sonstigen Unterkulturen. Als sich zu Beginn des 20. Jahrhunderts die Milchviehhaltung günstig entwickelte, rückte beim „Obstbau in Streulage" – so lautete die von Hans Spreng 1941 in der Schweiz gewählte Bezeichnung – die Wiese in den Mittelpunkt. Die Streuobstwiese diente der Grünlandnutzung und diese Bedeutung sollte sie für die nächsten Jahrzehnte behalten. So lange, bis die Mechanisierung die Bäume als Hindernis sah, das aus dem Weg geräumt gehörte.

Der Streuobstanbau hat seinen ökonomischen Wert großteils eingebüßt. Obst lässt sich wesentlich günstiger in Dichtpflanzungen erzeugen, sowohl das Tafelobst auf Niederstämmen und Spindeln als auch das Wirtschaftsobst auf Halbstämmen. Der Streuanbau wurde zum „romantischen Obstbau" degradiert und erfreut sich dennoch in der Gegenströmung zum Turbokapitalismus wachsender Beliebtheit.

Das Habitat Streuobstwiese hat seinen Lebensraum dort, wo die Standortverhältnisse eine Intensivierung der Nutzung nicht zuließen. Die Umwandlung des Obstbaus in Dichtwuchsanlagen oder andere landbauliche Intensivnutzungen war nicht möglich und eine bauliche Erschließung uninteressant. So blieben die flächenhaften Bestände erhalten. Das geringere wirtschaftliche Interesse bedeutete aber auch meist die Vernachlässigung der Pflege. An Steilhängen vollzog sich oft die gänzliche oder teilweise Verwaldung. Wo die Bewirtschaftung unterbleibt, kehrt der Wald zurück. Die Verjüngung wurde übersehen und viele Bestände zeichnen sich durch Überalterung aus. Wurde nach dem Zweiten Weltkrieg noch nachgepflanzt, blieb das Ersetzen alter Bäume durch junge in der Folge aus. Heute konstatieren wir den Ausfall einer ganzen Generation von Bäumen. Im Unterschied zum Intensivobstbau überwiegen im Streuanbau Bäume mittleren bis hohen Alters.

Neben der Überalterung weisen die Streuobstbestände einen schlechten Pflegezustand auf. Die Baumkronen sind infolge des fehlenden Auslichtungsschnitts zu dicht und überbaut, frisches Fruchtholz ist kaum vorhanden. Um den Unterwuchs hat sich auch niemand gekümmert und die Verbuschung setzt ein. Es bedarf einer gewaltigen Anstrengung, diesen Pflegerückstand wieder aufzuholen.

In Zahlen ausgedrückt stellt sich die jahrzehntelange Vernachlässigung so dar:

- 4 % Jungbäume,
- 1 % zunehmendes Ertragsalter,
- 53 % Vollertrag,
- 29 % abnehmender Ertrag,
- 13 % Baumruinen.

Die Untersuchungen über die Möglichkeiten zur Erhaltung des landschaftsprägenden Streuobstbaus in Baden Württemberg, durchgeführt von Friedrich Weller u. a., ergaben dieses ernüchternde Bild. 42 % von alten Bäumen am Ende ihrer Lebenszeit stehen im Jahr 1986 lediglich 5 % von Jungbäumen mit Zukunftsaussichten gegenüber. Die große Mehrzahl der Bäume wurde von der Großelterngeneration gepflanzt. Die Elterngeneration hatte es verabsäumt, für den Fortbestand einer grob gesagt 100 bis 150 Jahre alten Tradition zu sorgen.

20 Jahre später stellt der gleiche Weller in seinem Buch „Streuobstbau – Obstwiesen erleben und erhalten" allerdings fest: „Doch fällt auf, dass der Anteil der nur wenige Jahre alten Jungbäume in den letzten Jahren wieder zugenommen hat, was auf ein gestiegenes Interesse an Neupflanzungen nach Jahren der Stagnation schließen lässt." Und er setzt fort: „Ob es sich dabei nur um eine vorübergehende Erscheinung oder um eine längerfristige Tendenz handelt, ist derzeit noch nicht ersichtlich. Sicher ist jedoch, dass ohne eine solche Trendwende die Streuobstbestände in wenigen Jahrzehnten auch ohne forcierte

Rodungsaktion allein durch ersatzlose, altersbedingte Abgänge weiterhin erheblich dezimiert würden."

Die „forcierte Rodungsaktion" hatte in ganz Europa die Flurform Streuobst hinweggerafft. War es nach dem Zweiten Weltkrieg die Mechanisierung, war es noch in den 70er-Jahren die Rationalisierung, die das Land „entrümpelte" und ausräumte. Den Rest hatten einem Großteil der Streuobstwiesen die Rodungsprämien der EU gegeben. Es liegen Zahlen vor, die die Vernichtung belegen. Meine Quelle ist eine Veröffentlichung des NABU, des Naturschutzbundes Deutschland, die Bezug nimmt auf eine Kartierung im Jahr 2000.

Die Situation der Streuobstbestände ist in diversen europäischen Ländern dokumentiert und liegt als Zahlenmaterial vor. In England schrumpfte die Fläche des Streuobstbestandes von 90.000 ha auf 30.000. In Wales betrug der Verlust 86%. In den Niederlanden wurden auf der Basis der EU-Rodungsprämien allein zwischen 1970 und 1974 in einigen Landesteilen über 90% der Bestände vernichtet. In Belgien ging der Bestand von 75.800 ha auf 2.500 zurück, in Frankreich von 481.973 auf 151.000. Deutschland steht mit 300.000 ha Streuobstwiesen immer noch vergleichsweise gut da.

Der Blick über die Grenzen Österreichs ist deshalb so lohnend, weil er aufschlussreich ist, was das Thema Streuobst betrifft. Er ermöglicht eine Sichtweise, die die Situation in der unmittelbaren Nähe besser verstehen lässt. Der Flachgau, meine Region, weist keine flächendeckenden Streuobstbestände auf. Hier ging die Obsterzeugung nie nennenswert über die Selbstversorgung hinaus. Bestenfalls stellte das Obst und seine Verwertung zu Obstprodukten eine zusätzliche Einnahmequelle der Bauern dar. Obst wurde auf den lokalen Märkten verkauft, was auch heute noch vereinzelt geschieht. Im verschwindenden Ausmaß wurde eine wirtschaftliche Safterzeugung betrieben, der eine oder andere Bauer brannte Schnaps, den man käuflich erwerben konnte, das war's dann schon. Eine Handvoll Unternehmen spezialisierte sich in einer Nische, die Edelbrände, Liköre, Most, Fruchtsäfte und Apfelessig zum Verkauf anbietet und damit durchaus erfolgreich ist. Die Landwirtschaftskammer unterstützt diese Spezialisierung mit Prämierungen und fördert somit die Obsterzeugung aus hochstämmigen Kulturen, die im weitesten Sinn als Streuobstanbau durchgehen. Diesen hofnahen Baumgärten fehlt das landschaftsprägende Merkmal, das sie zu echten Streuobstwiesen machen würde, wie sie in Baden-Württemberg vorkommen. Man muss aber gar nicht so weit in östliche Richtung fahren, um Streuobstwiesen aufsuchen zu können. Gegen Westen zu wird man schon bald fündig, wenn man das zentrale Oberösterreichische ansteuert und ins „Obst-Hügel-Land" im Eferdinger Becken fährt.

Zu dem zuletzt Gesagten muss ich wohl ergänzen, dass ich den Begriff „Streuobstwiese" etwas enger anwende. Denn ich bin der Ansicht, ein Baumgarten in Hofnähe macht noch keine Streuobstwiese. Freilich ist auch hier eine Mischung aus hochstämmigen Obstarten vorhanden, zum Teil auch in unterschiedlichen Altersklassen. Aber die Ausdehnung in die Landschaft, die starke räumliche Streuung der Baumbestände in einer abwechslungsreichen Flur, durchzogen mit und vergesellschaftet in unterschiedlichen Vegetationsformen, diese besonderen Merkmale fehlen. Strukturdiversität, so lautet das Schlagwort im Jargon der Spezialisten, also die oberirdische wie auch unterirdische Vielfalt, die eine Landschaft charakterisiert, welche unterschiedlich bewachsen ist, unterschiedlich genutzt wird, unterschiedliche Lichtverhältnisse vorweist, Sonderstrukturen aufweist, wie Hütten, Zäune, Hecken, Wege, Trockenmauern und sogar topografisch recht abwechslungsreich beschaffen ist, mit Gräben, Wellen, Abbrüchen usw. Bei diesem Lebensbereich spricht man von „anthropogenen Savannen" und meint eine menschengemachte Kulturlandschaft mit Grasland und verstreut stehenden Bäumen.

So beschrieben ist etwas anderes gemeint als die doch recht dicht stehenden, meist deutlich in Reihen gepflanzten und somit auch recht einheitlich wirkenden Baumbestände in Hofnähe.

Um als wertvolles Biotop zu gelten, fehlen den Hofbaumwiesen nicht nur die Arealgröße – für manche Tierarten wird die Landschaft erst ab einer Größe von mehr als einem oder gar erst ab zehn Hektar interessant – sondern auch andere Faktoren wie Besonnung, Baumhöhlen, Totholz, Unterwuchs mit einem großen Blütenangebot, Insekten und anderes Nahrungsangebot.

Für viele Bewohner einer intakten Streuobstwiese, Säugetiere, Vögel, Amphibien, Gliederfüßer und Insekten, ist ein Wechsel in ein anderes Biotop nicht möglich, weil kein anderes Biotop vorhanden ist. Da hatten es die Bewohner der Baumsavannen, die es im 19. Jahrhundert in der Form der Hudewälder gab, noch wesentlich leichter. Hudewälder waren durch Beweidung der großen Nutztiere stark gelichtete Wälder. Mit dem Auflassen dieser Praxis der Viehhaltung wechselten betroffene Tierarten in die zur selben Zeit entstehenden Streuobstwiesen. Was damals gelang, ist heute zum Scheitern verurteilt und wir sprechen vom Artensterben.

Ob es uns „Erdlingen“ gelingen wird, mit unserer Streuobstwiese in der Stadt ein Biotop zu schaffen, das für manche Tiere so attraktiv sein kann, dass sie sich wieder ansiedeln? Für das eine oder andere Wiesel, für den Gartenrotschwanz, für eine Blindschleiche – ja; der Wiedehopf, ein Baumschläfer oder ein Steinkauz werden sich das gut überlegen. Aber doch ist es ein schöner Gedanke, dass vielleicht in 40 Jahren ein kleiner Garten Eden im Stadtteil Liefering gewachsen ist. Und sicher wird man eine Menge wohlschmeckender Früchte vom Baum pflücken können und ein nettes Plätzchen zum Verweilen finden.

Der Versuchsgarten

Es sollte ein Jahr vergehen, bis ich erneut im Garten der Eheleute Flieger zugegen bin, um mehr über diesen Ort der Früchte zu erfahren. Es ist wieder ein strahlend schöner, fast schon heißer Tag des beginnenden Sommers. Im Schatten eines Apfelbaums sitze ich mit ihm, dem Schöpfer jenes so bemerkenswerten Fleckens Land, das auf engstem Raum eine unglaubliche Fülle von Genüssen bietet. Ruhe, Kontemplation, Obst und Natur pur. Flieger, der alte Mann, hat es sich in einem Stuhl gemütlich gemacht, ich sitze vor ihm zu ebener Erde, auf dem gepflegten Rasen.

1972 war das brachliegende Grundstück gekauft worden. Ein Jahr später war die Hütte errichtet worden. Gebaut hat sie Flieger selbst und eigenhändig, mit der Unterstützung eines einzigen Handwerkers. Sie ist unverändert geblieben, nur der Anstrich wurde einmal erneuert.

1974 war mit der Pflanzung der ersten Apfelbäume begonnen worden. Drei davon stehen heute noch. Doch in diesen fast vier Jahrzehnten wurden daraus, unter erstklassiger Pflege, Mehrsortenbäume. Ein Baum trägt 7 Sorten, der andere 9 und der dritte gar 11. Es sind Niederstammbäume, jedoch mit ausladenden Kronen auf mittelstark wachsenden Unterlagen. Die Buschbäume und Spindeln auf schwach wachsenden Unterlagen stehen extra umzäunt und von Netzen bedeckt in zwei Reihen eng beisammen. Die meisten sind bereits 25 oder gar 28 Jahre alt, ein paar wenige wurden ersetzt. Sichtbarer Ausdruck ihres für Schwachwachser hohen Alters sind die monströsen Köpfe der Unterlage.

Ein Teil des Grundstücks war vor drei Jahren verkauft worden. Ein Tribut an das Alter, denn, keine Frage, so viel Obst macht viel Arbeit und die Pflege der Gehölze geschieht auch nicht von selber.

Der Verkleinerung des Areals fielen etliche Apfelbäume und mehrere Reihen Beerensträucher zum Opfer. Von 103 verschiedenen Sorten in der besten Zeit blieben immerhin 79 Apfelsorten. Wie gesagt, bis zu 11 Sorten trägt ein einzelner Baum.

Das große Sortenspektrum macht klar, warum diese Obstanlage die Bezeichnung „Versuchsgarten" trägt. Die Grundidee hierfür liegt in dem Bestreben herauszufinden, welche Sorten in unserem Klima, bei unseren Wachstumsbedingungen und Standortfaktoren optimal gedeihen. Nämlich, und das ist das Entscheidende, ohne zur Spritze greifen zu müssen!

Flieger wollte herausfinden, was bei uns ohne Anwendung von synthetischen Schädlingsbekämpfungsmitteln möglich ist. Er hatte es sich zur Aufgabe gemacht, einen Sortenkatalog zu erstellen, der diejenigen Sorten aufzählt, die allein mit guter Pflege einen zufriedenstellenden Ertrag liefern. Die derzeit angebauten 79 Sorten erfüllen diese Kriterien: gute Pflege, keine Spritzmittel, voller Ertrag. „Eine Frucht will ich direkt vom Baum essen können, ohne Waschen, ohne Bedenken!"

Das gilt auch für die Weintrauben. 14 verschieden Sorten haben die Fliegers bisher ausprobiert, die meisten an der Wand kultiviert, zwei Sorten im Freien, also ohne die schützende Rückendeckung. Mehltau und die Gespinstmotte waren ein Thema, aber bei den meisten hat's funktioniert. Wie gesagt, ohne zu spritzen.

Es ist die Meisterleistung eines Genies, was auf diesem Flecken Erde im Flachgauer Land zu sehen ist. Enorm viel Arbeit, großes Wissen und eine glückliche Hand haben etwas geschaffen, das seinesgleichen sucht. Die Obst- und Fruchtgehölze dieses Gartens weisen mit Nachdruck darauf hin, dass hier ein Fachmann seit vielen Jahren tätig ist. Freilich, es kann auch eine Fachfrau sein. Es schaut alles so sauber und gleichzeitig üppig aus, so geordnet, gepflegt und doch natürlich, so lebendig, voll Wuchskraft und Fruchtbarkeit. Der Ort lädt ein zum Verweilen, zum Betrachten und Ausruhen. Man möchte sich gleich ins niedrige Gras legen und einfach in den Himmel schauen, der mit Blättern durchwirkt ist. Ein Ort, um die Seele baumeln zu lassen, um die Sorgen zu vergessen. Nur schauen, riechen, träumen. Und was es da alles zum Naschen gibt, wenn die Früchte erst reif sind! Unglaublich! Es wird schon bald losgehen, mit den Erdbeeren, mit den Ribiseln, mit den Kirschen und dann mit den ersten Sommeräpfeln. Fürwahr, ein Garten Eden!

Prächtiges Obst

Auf schwach wachsender Unterlage

Viele verschiedene Sorten

Iehrsortenbaum

Plätze zum Verweilen

Birnen in geschützter Lag

Die Hütte

Als die Ehefrau zurückkommt, sie brachte die Enkeltochter nach Hause, unterbricht Flieger seine Ausführungen, um seine Frau zu begrüßen. Sie küssen sich. Nur kurze Zeit war sie weg gewesen und nun begrüßen sie sich mit Kuss auf den Mund. Bemerkenswert!

Die Eheleute Helga und Josef Flieger

Es ist spürbar, dass die Eheleute zufrieden mit dem Ergebnis in ihrem Garten sind. Sie haben ihr Ziel erreicht! Sie genießen ihren Erfolg und bringen das zum Ausdruck, indem sie ein glückliches Paar abgeben. In ihrem kleinen Reich sind sie König und Königin, souveräne Herrscher, die es verstehen, der Natur zu dienen und allem, was lebt, Respekt zu erweisen. Ich bin wirklich schwer beeindruckt von diesen Menschen! „Versuchsgarten für Kern Stein und Beerenobst J. u. H. Flieger" macht die holzgeschnitzte Tafel am Gartentor dem Besucher deutlich.

Es geht also nicht nur um Kernobst, um Äpfel im Speziellen. In die Versuche miteinbezogen sind seit jeher viele andere Obstgehölze und -sorten. Die Fliegers – ich spreche von beiden, denn sie teilen sich die Arbeit – pflanzen und pflegen allerlei mehr. Für alles Gepflanzte gilt: Du hast drei Jahre Zeit, um zu zeigen, dass du hier bei uns ohne Spritzmittel zurechtkommst. Wer kränkelt und nicht gedeihen mag, fliegt raus! Spätestens nach drei Jahren.

Jetzt erst verstehe ich, warum die Rebsorte, die sich nicht gegen den Mehltau wehren konnte, durch eine andere Sorte ersetzt wurde.

Der Versuchsgarten beherbergt so manch Außergewöhnliches. „Mirakose" ist eine Kreuzung von Ringlotte und Marille. „Cherrykose" eine von Kirsche und Marille. Es wird sogar der Anbau von Kaki probiert. Auf einem sauren Beet wachsen 2 m hohe Heidelbeerkulturen. In einem nach vorne offenen Plexiglasverschlag stehen die Kälteempfindlichen, verschiedene Pfirsiche und Marillen. Die Birnen stehen in einem südwestseitigen Winkel der Hütte, drei Sorten. Es gibt keine frei stehenden Birnen, sie seien zu empfindlich. Dort, am Hütteneck, rankt auch ein Kiwistrauch empor. Der Zugang zur Hütte wird gesäumt von Brombeersträuchern. „Die Reuben trägt auf der diesjährigen Rute", kommentiert Frau Flieger bei unserem Rundgang. Weiter unten auf dem nach Süden sanft geneigten Grundstück wachsen die Johannisbeeren, rote und schwarze. Die „Kirroyal", eine schwarze, sei besonders schmackhaft.

„Und hier ist sein Lieblingsplatz!" Sie zeigt auf Tisch und Sessel, die unter dem Nussbaum stehen. Der Nussbaum wird hervorgehoben. Wie angenehm es unter ihm sei. Dass er ein einziges Mal geschnitten worden wäre, vom Jägermüller. Dass seine Frucht besonders leicht zu öffnen sei, eine „26er"-Nuss. Gemeint ist wohl die Geisenheim Nr. 26. „Und schau! Auf Schwarznuss veredelt!" Klar erkennbar ist die Veredelungsstelle auf Kniehöhe, darunter zeigt der schmälere Stamm die längs gefurchte, borkige Rinde der Schwarznuss. „Drum ist er unempfindlicher und nicht so groß." Dieser Aussage zu widersprechen, reizt mich kurz, aber ich verzichte darauf, ich will die Harmonie nicht stören.

Wir setzen den beschaulichen Rundgang fort und kommen bei den zwei Kirschbäumen vorbei. „Der schaut heuer schlimm aus! Der Mai war verheerend, so nass!" Die Monilia hat ihre Spuren hinterlassen. „Aber das wird schon wieder!" Der zweite, auch nicht sehr große Kirschbaum steht ohne sichtbare Zeichen von Pilzinfektionen da. Ein schmuckes Bäumchen, gesund wie alles, was einem hier begegnet.

Und weil die Fliegers einen Sinn fürs Schöne haben, gibt es auch eine Menge Blumen, da und dort im Garten verstreut und besonders viele im Vorbeet vor dem Haus.

In diesem Vorbeet steht wie eine stramme Wache ein einzelner, hoher Schnurbaum. Es wird nicht nur mit Sorten experimentiert, auch mit Wuchs- und Kronenformen. Schnurbaum, Säulen und Spindeln. Freilich sind dann auch die Schnitttechniken unterschiedlich. Sie erläutert die Technik beim Schnurbaum, im August werden alle Triebe zurückgenommen, auf eine Blattrosette oder zwei Augen. „Sie ist meine rechte Hand. Sie ist mein großes Glück! Ohne sie wär das alles nicht!", gibt der Meister unumwunden zu.

Der Garten wird seit 20 Jahren von März bis Oktober von Josef und Helga Flieger bewohnt. Ein Telefon – ein Festnetzanschluss – stellt die Verbindung zur Außenwelt dar. Wie eine Sekretärin regelt sie die zahlreichen Besuche von Interessierten. Freunde, Bekannte und Verwandte sind stets willkommen. Seit Kurzem gibt es die Enkeltochter, die gerne im Garten spielt. Für jeden, der hierherkommt, ist es ein großes Erlebnis, das Glück dieses einmaligen Ortes zu erleben.

Der Versuchsgarten ist die Manifestation von Wissen und Erfahrung. Darüber hinaus ist er die Verwirklichung eines Lebenstraums. Das ganze Wissen seines Schöpfers ist mit großer Anstrengung hier hereingeflossen. Die Anstrengung hat sich gelohnt! Ich denke, die beiden sind glücklich. Sie haben etwas geschaffen, das dem Leben Sinn gibt. Sie können ernten, in der wörtlichen Bedeutung und noch mehr in der übergeordneten.

Einst war er ein Pionier, der Josef Rosenbeiger, der aufbrach, das Land mit Blumen zu schmücken und mit Früchten zu versorgen. Er ist zur Legende geworden, die dafür steht, wie ein Leben gelingen kann. Heute steht der Name Josef Flieger für Einsatzbereitschaft und Tatendrang, für Beharrlichkeit und Ausdauer, für Wissen und Erfahrung. Sein Name wurde zur Legende.

Über mich

Die einen sind Rebellen, die anderen sind Pioniere. Nicht jeder Pionier ist ein Rebell, aber so ziemlich jeder Rebell ist auch ein Pionier. Manche werden zur Legende.

Ich war auch mal ein Rebell in meiner Jugend. Später, eigentlich in meinem ganzen Leben, habe ich weiterhin versucht, Rebell zu sein, mit dem fortwährenden Bemühen, etwas zu verändern. Denn mit grundlegenden Dingen war und bin ich nicht einverstanden, so grundlegenden wie dem Kapitalismus, dem Gewinnstreben als Daseinsform. Wie einfältig!

Gemessen an der Wirkung meines Dagegenseins fiel mein Rebellentum recht bescheiden aus. Den anerkannten Status des Rebellen hab ich wohl nie erreicht. Das meiste blieb im privaten Bereich, eine große Öffentlichkeitswirksamkeit kann ich mir nicht an meine Fahnen heften.

Als junger Mensch glaubte ich – typisch Jugend –, die Welt verändern zu können, zu müssen, zu wollen auf jeden Fall. Ich rebellierte. In erster Linie gegen den Vater. Er verkörperte das Establishment, er stand für die das Leben bestimmenden Kräfte, für die Leiter und Lenker unserer Geschicke, stets ermahnend, selten stärkend. Für einen, der in den 60er-Jahren des vorigen Jahrhunderts Kind war, mit einer Sozialisation in einem bürgerlichen Milieu, waren das üble Kräfte. Ein Alltagsfaschismus lag in der Normalität, gehorchen und zum Gehorsam aufrufen war üblich. „Alles Untertanen, alle verklemmt und unfrei, versumpft und stecken geblieben im Nazidreck." Unser Urteil war vernichtend. „Unser" sage ich, weil alle, die dagegen waren, zusammengehörten und sich verbunden fühlten. Gemeinsam waren wir stark.

Die Gelegenheit ergab sich und ich wurde ein revolutionärer Marxist. Dadurch erlangte ich die Auszeichnung „Rebell". Ein

Aufsässiger mit Öffentlichkeitsanspruch. Mit Ambitionen, die den privaten Bereich sprengten.

Doch aus der Weltrevolution sollte nichts werden. Wie allseits bekannt, fand kein Umsturz statt. Insofern blieb doch alles privat, eine Episode der persönlichen Biografie, die hauptsächlich dem Erwachsenwerden geschuldet war.

Ein Heraustreten aus der Privatsphäre mit dem Anspruch der gewollten Gestaltung der Lebensbedingungen fand im Herbst des Jahres 1978 statt, als wir „Nein“ zur Atomkraft sagten, „nein danke!“

Plötzlich setzte eine Minderheit ein Zeichen, das mehrheitsfähig geworden war. Die „paar Lausbuben“, wie die gesamte Bewegung vom damaligen Kanzler Bruno Kreisky verunglimpft wurde, setzten sich rühmlich in Szene und schafften in einer pionierhaften Anstrengung den kaum erwarteten Erfolg, mit einer knappen Mehrheitsentscheidung den österreichischen Einstieg ins Atomzeitalter zu verhindern. Die „Grünen“ als neue politische Macht waren aus der Taufe gehoben. Alles, was neu entsteht, braucht Pioniere. Ich schätze mich glücklich, sagen zu können, dass ich in diesem Zusammenhang auch einer war. Ein Pionier, der der Zerstörung Einhalt gebieten und einer Utopie zum Durchbruch verhelfen will. Wir hatten den Glauben an eine schönere Welt. Deshalb waren wir in Hainburg, um die Aulandschaft zu bewahren. Deshalb lebten wir in Wohngemeinschaften, um Solidarität und Verbindlichkeit zu erfahren. Deshalb suchten wir Berufe und Tätigkeiten, um Kreativität und Nachhaltigkeit zu erleben und zu praktizieren.

Vieles blieb Träumerei, manches gelang, manches scheiterte. Pioniere setzen etwas in Gang. Der Lauf der Dinge ist hinfort ein anderer. Pioniere verändern, mit fortwährendem Bestand oder nur kurzzeitig, gleichwie geschieht etwas, das nicht mehr rückgängig zu machen ist. Die Atomabstimmung, der Oeschbergschnitt, die Verbreitung der Apfelkerne im „Wilden Westen“, jede Pflanzung eines Baumes, all das sind Handlungen, die die Welt verändern. Wenn nicht im Großen, so doch im Kleinen.

Mein Lebensweg verlief holprig, nicht gemächlich, nicht kontinuierlich. Brüche und Abbrüche waren die Folge meiner

Unzufriedenheit mit dem Bestehenden. Ich suchte Auswege. Suchte und suchte. Und fand einen beruflichen Ausweg: Ich wurde Tischler. Tischler ist ein kreativer Beruf, der niemandem Schaden zufügt. Leicht ist diese Arbeit in Sozialromantik zu packen.

Aus eigenen Stücken war ich auf den Holzweg gekommen. Die Hinwendung zum Holz sollte mich ab da begleiten und nicht mehr loslassen. Die logische Folge auf meine vorherigen Ausbildungsziele – Medizinstudium und praktischer Arzt – wäre der Sargtischler gewesen, aber diesen Sarkasmus vermied ich dann doch, vielmehr wurde ich ein Möbeltischler und fertigte schöne Einrichtungsgegenstände.

Der Naturwissenschaft kehrte ich gänzlich den Rücken und schlug eine spirituelle Richtung ein. Das Leben weitete sich und erhielt neue Dimensionen. Das war sicherlich ein radikaler Schnitt, der aber nur mich und mein engstes Umfeld betraf. Die Öffentlichkeit war nicht betroffen und blieb unbeeindruckt, allerdings nahm sie auch nicht wahr, dass sie auf einen ausgezeichneten – und heute so gesuchten – Landarzt verzichten musste.

Die Kriterien für einen Pionier oder einen Rebellen erfüllte ich bei Weitem nicht. Nicht im Geringsten nahm ein interessiertes Publikum Anteil an meinen Versuchen der Lebensbewältigung. Aber halt! Vielleicht kann ich dennoch eine Pioniertat herausstreichen. Ende der 70er-Jahre war ich vermutlich einer der Ersten, der mithilfe einer Handmühle Getreide für sein Morgenmüsli mahlte. Das war doch eher ungewöhnlich und erzeugte Verwunderung. Ob es die Ernährungsgewohnheiten vieler beeinflusste, sei dahingestellt. Tatsache ist, dass das Müsli heute Fixbestand des Essens ist.

Die Jahre vergingen. Längst war ich selber im Establishment angelangt und hatte mich in bürgerlichen Tugenden eingeübt, ging einer geregelten Arbeit nach, gründete Familie, kaufte eine Wohnung, fuhr auf Urlaub, bezahlte die Rechnungen. In diesem Rahmen versuchte ich dennoch, „alten“ Werten, meinen Idealen, treu zu bleiben, ging in Väterkarenz, fuhr mit dem Fahrrad in die Arbeit, bezog Ökostrom und wurde grüner Gemeindevertreter.

Alles im Rahmen, wie man sagt. Kein Rebellieren, kein Setzen von Pioniertaten. Weit entfernt von einer Legendenbildung.

Aber ist nicht jeder irgendwo ein Rebell, ein Pionier, seine eigene Legende? Weil jeder etwas ganz Besonderes in seinem Mikrokosmos darstellt. Jeder geht seinen Weg, mit Aufbegehren, mit Widerstand leisten, mit Setzen von Ausrufezeichen. Jeder trägt zu Veränderungen bei, in einer ganz speziellen Art. Denn – so sagt eine Weisheit – nur der Wandel ist das einzig Stetige.

Der Ausflug ins Philosophische soll hier nur ein kurzer sein. Er dient mir dazu, anzudeuten, dass auch bei mir Änderungen nicht ausblieben. Es schaut alles recht statisch aus, aber der Schein trügt. Es geht immer weiter. Und eines Tages ist alles anders.

Der Holzweg schlängelte sich dahin, mal etwas rauf, mal etwas runter, hier eine Abzweigung, dort eine Umleitung. Man kommt an eine Kreuzung und muss sich entscheiden. Links, rechts, geradeaus? In meinem Fall war es eine Entscheidung mit Richtungswechsel. Jetzt ist mein Holzweg besäumt mit schönen, großen Alleebäumen. Beindruckend, es müssen sehr alte Bäume sein! Der eine und andere braucht Pflege, er soll ja noch lange stehen. Ich klettere am Seil in den Baum und verrichte meine Arbeit, die mir großen Spaß macht.

Hinter den Alleebäumen liegen Streuobstwiesen, die ebenso eine Menge Arbeit bedeuten. Arbeit, die auf mich wartet. Arbeit, die mich glücklich macht und über deren Bedeutung ich gerne rede.

So wurde aus mir ein Baumpfleger. Von Helmut Palmer wird gesagt, er wurde vom Baumprediger zum Bürgerrechtler. Mein Wandel verlief in umgekehrter Richtung. Tatsächlich? In gewisser Weise schon.

Heute nehmen Bäume einen wichtigen Platz in meinem Leben ein. Als werktätiger Mensch weise ich mir die Rolle des Baumpflegers und des Baumwarts zu. Ich arbeite mit Bäumen. Der Baumpfleger versucht, das Leben eines Baums im Umfeld der Menschen in einem vitalen Zustand zu erhalten. Gesund soll er sein und lange leben soll er, den Menschen soll er mit seiner Existenz erfreuen. Dabei zähle ich mich nicht zum forstwirtschaftlichen Personal, das vor allem wirtschaftliche Interessen zu vertreten hat.

Der Baumwart betreut die Obstbäume und Beerensträucher. Die Obstgehölze ziehen den Blick auf sich, wenn sie in Blüte stehen, und sie erfreuen die Menschen mit ihren Früchten. Bei guter Pflege, für die der Baumwart sorgt, haben sie ein langes Leben und bringen reichlich Früchte. Das gezielte Eingreifen des Menschen in die natürlichen Abläufe kann das Ergebnis optimieren. Gewusst, wie! Der geschulte Fachmann und die geschulte Fachfrau vollbringen wahre Wunder.

Mein Aufgabengebiet berücksichtigt den Genuss. Es ist der Anblick, der Schatten, die Luftqualität, die Beziehung, der Ertrag, insbesondere der Ertrag von wohlschmeckenden Früchten, was den Wert des Baums ausmacht. Für den Erhalt dieser Werte lasse ich mich beauftragen. Die Bewusstseinsbildung, die gleichzeitig geschieht, ist mir ein persönliches Anliegen. So ist für mich die Baumpflege Broterwerb und Dienstleistung, Beruf und Berufung. Mein Sendungsbewusstsein wird auch befriedigt.

Die Beziehung zur Kundschaft ist in der Regel eine erfreuliche. Sie hat beste Voraussetzungen für eine Begegnung, die beide Seiten zufriedenstellt. Der Auftraggeber, die Auftraggeberin, tritt mit einem Wunsch an mich heran, der in den meisten Fällen zu erfüllen ist. Es liegt in der Natur der Sache, ja, es macht die Kraft der Natur aus, dass der Erfolg der Maßnahme offensichtlich ist. Denn der Erfolg zeigt sich so augenscheinlich mit Blüte und Frucht.

Oder ich kann dem Wunsch nachkommen, einen ohnehin dem Wohlbefinden dienlichen Zustand merklich und spürbar zu verbessern. Mehr Licht in den Garten zu bringen, das Gefühl von Sicherheit zu heben, die Nachbarn freundlich zu stimmen. Ein Baumschnitt kann viele positive Auswirkungen haben.

Eine Gartenbesitzerin rief mich einmal, weil sie unzufrieden mit ihrem Apfelbaum war. Immer nur kleine, minderwertige Früchte! Seit Jahren! Ich schaute mir die Situation an und sah einen Obstbaum im fortgeschrittenen Alter mit überbauter Krone, bedrängt von einem gewaltigen Dirndlstrauch, beschattet von einer außergewöhnlich großen Traubenkirsche. Was war zu tun? Der Dirndlstrauch musste stark verkleinert werden – mit der Unmenge an Früchten wusste man sowieso nichts anzufangen –, die Traubenkirsche verlor einen Teil ihrer Krone. Am Seil stieg ich hoch in den Beschatter hinauf und entfernte mit meiner Handsäge zwei Starkäste, die ich mit einem weiteren Seil auf den Boden gleiten ließ, ohne den darunter befindlichen Apfelbaum zu beschädigen.

Erst dann nahm ich mir den Apfelbaum vor. Oben wurde er freigemacht, er bekam eine neue Mitte, vier Leitäste sollten das neue Gerüst bilden, die ganze Krone wurde lichter.

Und der Erfolg? Besseres Obst im darauffolgenden Jahr, zwar weniger, aber größere und schönere Früchte.

Es kommt mir sehr gelegen, dass ich meine Arbeit umfassend anlegen kann. Wenn es sein muss, steige ich in hohe Bäume, ohne Aufstiegshilfen, nur mit Seil und Sicherung. Die Ausbildung in SKT – der Seilklettertechnik – ist ungemein nützlich. Für einen Baumpfleger ist sie die Voraussetzung, Kroneneinkürzungen vorzunehmen. Sie ermöglicht das sichere Arbeiten in jedem Baum. Eine riesige Blutbuche von 35m Höhe mit viel Totholz ist in einem Park ebenso wenig ein Problem wie ein zu groß gewordener Ginkgo in einer unzugänglichen Ecke eines Stadtgartens. Das Arbeiten an der Kurzsicherung ist an einem Wandspalier in 6m Höhe absturzsicher möglich und deswegen auch für den Obstbaumschnitt sehr zu empfehlen.

In meiner Weiterbildung vom Baumwart zum Baumpfleger sehe ich nicht nur praktische Vorteile. Das Wissen von den Vorgängen im Baum, im Allgemeinen und speziell bei den wichtigsten heimischen Baumarten, erweiterte meinen Horizont ungemein. Die Sprache der Bäume zu verstehen, hilft mir auch, einen Obstbaum besser ansprechen zu können. Erläuterungen zur Baumpflege, die Schnittzeitpunkt, -führung und -intensität anbelangen, ließen mich meine Ansichten zum Obstbaumschnitt neu überdenken. Gerade der Baumschnitt ist eine heikle, weil „einschneidende" Maßnahme, die man nicht verantwortungsvoll genug angehen kann.

Die Ausübung meiner Tätigkeit kommt einem Privileg gleich. Ich darf behaupten, dass mich meine Arbeit glücklich macht. Wer das sagen kann, befindet sich wirklich in einer begünstigten Lage. Das weiß ich sehr zu schätzen.

Es ist wunderschön, in einem Garten unter freiem Himmel an einem Baum zu arbeiten. Ich stehe auf der Leiter, atme frische Luft, höre einen Vogel pfeifen, spüre die kräftigen Strahlen der Sonne des ausgehenden Winters und widme mich mit Hingabe der Aufgabe, einen Obstbaum gesund zu erhalten, ihm eine gefällige Gestalt zu geben und seinen Besitzern reichliche Ernte zu bescheren.

Oder ich turne in 15 Metern Höhe durch das Geäst einer alten Eiche, stehe auf einem starken Ast weit draußen in der Krone, dort, wo sonst nur Eichkätzchen herumhüpfen, und erleichtere die ehrwürdige Alte von abgestorbenen Teilen. Der Ausblick von hier heroben ist fantastisch. Außerhalb der Parklandschaft grenzt Grünland an, in der Ferne breitet sich eine Bergkette aus. Mein Arbeitsplatz ist wieder einmal unvergleichlich!

Meiner Arbeit nachzugehen, kann so schön sein. Es ist ein sonniger Spätwintertag, ich stehe auf einer langen Anstellleiter ganz oben, klinke mich in die Kurzsicherung ein, setze mich in den Sitzgurt zurück und ergreife den Mitteltrieb, um ihn abzusetzen. Ich weiß, was ich tue, ich fühle mich wohl dabei, ich verdiene Geld. Die Kundschaft wird zufrieden sein.

Ist das Wetter saumäßig, sitze ich in der warmen Stube am PC und schreibe am Buch. Ganz besonders in den trüben Wintermonaten gehe ich dieser Beschäftigung nach. Da hab ich etwas entdeckt, das ich auch unheimlich gerne mache. Die Recherchearbeit ist meist recht spannend. Es ist ein Erlebnis, in der Universitätsbibliothek alte Werke zu studieren. Bücher aus dem 18. Jahrhundert darf man nicht mit nach Hause nehmen, sondern muss sie im Lesesaal anschauen. Neuere Erscheinungen sind frei zur Entlehnung und ich kann sie daheim durcharbeiten. Mit Vergnügen tauche ich ein in das alte Wissen der Pomologen, aufschlussreich sind die Verbindungen zur Gegenwart. Neue Erkenntnisse bereichern mich und geben mir ein Gefühl des Verstehens und Aufgehoben-Seins in einem größeren Zusammenhang. Denn meine Motive unterscheiden sich gar nicht so sehr von den Beweggründen irgendeines anderen Baumliebhabers. Es gelingt mir, mich in die Lage eines Johnny Appleseed zu versetzen, oder dem Tatendrang eines Wanderlehrers nachzuspüren.

Die Welt des Wissens ist faszinierend, ebenso wie die Logik der Abläufe beeindruckend ist. Die naturwissenschaftlichen Entdeckungen üben einen ähnlichen Reiz auf mich aus wie die gesellschaftlichen Entwicklungen, die zu verstehen mir die Bücher helfen.

Es macht Spaß, Überlegungen anzustellen, deren Ergebnis mich selber überrascht.

Es bereitet mir ein Vergnügen, einen Sachverhalt zu formulieren, ein Bild zu schaffen, einer Person Gestalt zu verleihen. Bei der schriftstellerischen Arbeit fühle ich mich kreativ. Das Sammeln von Fakten kann ein mühevolles Unterfangen sein, hat aber auch seinen Reiz, der letztlich in einem besseren Verständnis liegt.

Die Kombination von Hand- und Denkarbeit gibt mir ein wunderbares Lebensgefühl. Sowohl das eine wie auch das andere ist sinnstiftend und das Ausleben beider Kräfte macht mich reich. Reich heißt, es erfüllt mich. Ich fühle mich innerlich reich, unabhängig davon, wie groß der materielle Nutzen ist. Freilich, der Wert der Arbeit soll und muss einen Geldwert haben. Schon auch. Jetzt behaupte ich aber nicht, man kriege nichts geschenkt im Leben. Manchmal hat man einfach Glück. Dafür kann man dankbar sein.

Dass es immer anders kommen kann, soll eine kleine Geschichte zeigen.

Der Apfel fällt nicht weit vom Stamm, sagt man. Nun gut, aber angenommen, der Apfelbaum steht auf einem Hang. Ein alter Hochstammapfelbaum in einer hügeligen Streuobstwiesengegend, da steht er, einer unter vielen. Aus seiner mächtigen Krone löst sich ein Apfel und fällt zu Boden. Der Boden ist mit kurzem Gras bewachsen, gerade gemäht oder von den Schafen abgefressen. So wird der Apfel zum Rotationskörper, der dem Gesetz der Schwerkraft auch weiterhin gehorcht und die Fallenergie in Bewegungsenergie umsetzt, den Hang hinunterrollt, purzel, purzel und hopp, am Hangfuß über ein Steinchen hüpft, um auf dem Rücken eines vorbeikommenden Igels zu landen. Der Igel transportiert den Apfel ab, nimmt ihn mit seines Weges, kommt an das Ufer eines Bächleins am Wiesengrund, drückt sich unter einem Ast durch und streift dabei den Apfel ab. Hier liegt er, der Apfel, schon ein ganzes Stück entfernt von seinem Herkunftsort. Seine Reise sollte aber erst richtig beginnen. Denn der nächste Tag bringt gewaltig viel Regen, der das Bächlein anschwellen lässt, so stark, dass es die Uferzone überflutet und den Apfel in seinem Wasser mit sich nimmt. Die Schwimmfrucht gelangt in den Fluss, sagen wir in die Fischach, wird in die Salzach geschwemmt, hüpft auf deren Wellen weiter und weiter, will gar nicht mehr zur Ruhe kommen, treibt und treibt, in den Inn, dann in die Donau, noch weiter, durch viele Länder und Landschaften bis ins Donaudelta, wo sie, die Schwimmfrucht, in einem ruhigen Seitenarm ihr vorläufiges Reiseziel erreicht. Vorläufig deshalb, weil da ein Reiher daherkommt oder ein Storch oder sonst irgendein großer Watvogel, der das abenteuerliche Äpfelchen mit seinem Schnabel aufnimmt und versucht, ihn runterzuschlucken. Das Stück ist zu groß für die Vogelkehle und wird wieder ausgespuckt, landet aber nicht im Wasser, sondern am Ufer. Kommt ein Pelikan vorbei, der verstaut den Apfel in seinem großen Schnabelsack, um ihn fortzutragen zu seinem Nest, als Verpflegung seiner Jungen. Der Pelikan hat sein Nest auf dem Dach eines Häuschens eines rumänischen Städtchens. Die Pelikanjungen sind ungeschickt, der Apfel fällt schon wieder und landet auf einem Abfallhaufen in einer kleinen Gasse, wo streunende Hunde den Mist durchwühlen. Soeben biegt ein kleiner Transporter um die Ecke, zwei Männer springen aus dem Fahrzeug, werfen einen großen Sack über die Hunde und schmeißen Sack mit Inhalt in den Laderaum. Der Apfel ist dabei. Ab geht's! Die Reise beginnt von Neuem. Irgendwo werden die Hunde aus ihrem Sack in Kisten geschüttelt, der Apfel liegt auch in einer Kiste. Die Kisten werden in einem Lkw gestapelt, der Lkw fährt über Ungarn nach Wien. Auf geheimen Wegen gelangt das Gefährt zu einem alten Gehöft im Wienerwald, versteckt tief im Forst. Hier hat ein illegal operierendes Unternehmen eine Versuchsstation errichtet. Pharmaforschung! Die Hunde werden in Zwinger gesteckt, der Apfel wird achtlos auf dem Asphalt des Vorplatzes liegen gelassen. Ein sportlicher Mitarbeiter kickt ihn in hohem Bogen ins Aus. Auf dem Wiesenstreifen neben dem Gebäude kommt er zu liegen. Weit war der Weg von Wiese zu Wiese gewesen. Geht's noch einmal weiter? Mitnichten! Ein großes, äsendes Tier, sagen wir: ein Bison – nein, natürlich kein Bison, wir sind im Wienerwald, obwohl, angeblich gibt es im Lainzer Tiergarten eine kleine Herde von Auerochsen, aber sicher keine Bisons –, also ein Reh, nein, größer, ein Hirsch, ja, ein Hirsch kommt daher, bei Tagesanbruch äsend, und steigt auf den Apfel. Das Gewicht des mächtigen Tiers drückt den Apfel in die weiche Erde. Das ist sein Ende. Mäuse nagen oberirdisch an ihm, Würmer besorgen den Rest unterirdisch. Hier beginnt eine andere Geschichte, die mit dem Keimen der Samen im nächsten Frühjahr ihren Anfang findet, uns aber nicht interessiert.

Von Interesse war die Fragestellung, ob denn die Aussage, der Apfel falle nicht weit vom Stamm, ihre Richtigkeit habe. Ich stellte die Behauptung auf, es kann auch anders kommen, und konstruierte eine entsprechende Darstellung.

Was hat das mit mir zu tun, wo ich doch in diesem Kapitel über mich schreibe?

Wäre es nach den Vorstellungen meines Vaters gegangen, wäre aus mir ein Jurist geworden, der bei der Landesregierung einen sicheren Job hat. Vater Beamter – Sohn Beamter. Der Apfel liegt unter der Baumkrone, in Stammnähe. Kurz vor dem Inskriptionstermin an der Uni kam der Apfel ins Rollen und eine lange, ungewisse Reise begann. Der Apfel kam ganz woanders zu liegen und keimte weit, weit entfernt. Die Früchte tragen das genetische Erbe in sich, keine Frage, aber der Boden, die Luft, das Umfeld sind verändert.

Baum, Holz, Frucht: faszinierende Sinnbilder des Lebens! Sie enthalten alles, was uns ausmacht. Aus welchem Holz sind wir geschnitzt? Was sind die Früchte unseres Lebens? Bin ich eine starke Eiche, eine biegsame Birke, ein reich tragender Apfelbaum?

Das Holz der letzten Kiste ist uns gewiss. Wenngleich wir alles daransetzen, die Blütezeit lange zu genießen und eine reiche Ernte einzufahren. Das war schon immer so, denke ich, das hat Tradition. Es wird so bleiben, eingebettet in die Zyklen der Zeit. Dennoch, Pioniere werden erneuern, Rebellen werden verändern, nur so dreht sich die Erde weiter.

Quellenverzeichnis

- Diener vieler Herren, *Waibel, Harry* 2011
- Schnitt der Obstgehölze, *Hilkenbäumer, Friedrich* 1991
- Baumschnitt, *Shigo, Alex L.* 1991
- Baum-Anatomie, *Shigo, Alex L.* 1995
- Obstland Österreich, *Tödling, Othmar* 1995
- Land der Eistränen, Heimat der Poeten, *Iglhauser, Bernhard* 1995
- Der Salzburger Obstbau, *Dreiseitl, Iglhauser, Gürtler Schnallinger,* 1991
- Obstbäume in der Landschaft, *Lucke, Rupprecht* 1992
- Praktischer Ratgeber im Obstbau und der Obstverwertung, *Glaab, Ludwig J.* 1896
- Praktischer Obstbau, *Gaucher* 1922
- Moderne Baumpflege, *Shigo, Alex L.* 1994
- Aus dem Elsbethener Obstgarten, *Haslauer, Paul* [Hrsg.] 2002
- Salzburger Obst- und Bauerngartl, *Dreiseitl, Hellmut* 1999
- Jahresberichte u.ä. der Salzburger Vereine ca. 1900–1930, Konvolut Einzelblätter u. Hefte
- Der Obstbau in Salzburg, *Eiterer, Paul* 1926
- Lucas' Anleitung zum Obstbau, *Winter, Fritz* 1992
- Pomologie, oder kurze Anleitung zur Obstbaumzucht, *Pöll, Johann Jakob* 1831
- Statistik Austria, Obstanlagen nach Produktionsrichtung und Bundesländern, Obstanlagen nach Arten und Bundesländern 2013
- Die geheime Sprache der Bäume, *Erwin Thoma* 2012
- Die natürliche Sprache der Obstbäume *Hauser* 1991
- Der Obstgarten, illustrierte Zeitschrift für Obstbau, Sortenkunde und Obsthandel; Organ des Österreichischen Pomologen-Vereins 1879–1883

- Meyers Konversationslexikon 1900
- Grammatisch-kritisches Wörterbuch der Hochdeutschen Mundart 1793–1801
- Streuobstbau *Zehnder, Weller* 2006, 2011
- Alte und neue Apfelsorten *Mühl, Franz* 2007
- Erfolgreicher Obstbau *Passecker, Zecha* 1954
- Der praktische Obstbau *Nowak, Julian* 1951
- Bedeutung und Wirtschaftlichkeit des Streuobstbaus in Österreich *Kern, Reinhard* 2006

Dank

Für die finanzielle Unterstützung und langjährige Zusammenarbeit bedanke ich mich bei Johannes Moßhammer, Gast- und Landwirt in Maria Plain, Bergheim.

Auch der Familie Gmachl vom Hotel Gmachl in Bergheim sage ich meinen Dank für ihre Unterstützung.

Herzlich bedanke ich mich bei Marianne Wartbichler, die mir für die Vermarktung meines Buches die Unterstützung des Landesverbands für Obst- und Gartenbau in Aussicht stellte.

Und besonderer Dank gilt meinen Freunden, die sich zahlreich an der Schwarmfinanzierung des Druckkostenzuschusses beteiligten.

Zu guter Letzt bedanke ich mich bei Franz Schmiedbauer, der einige Passagen des Textes korrigierte.

Der Autor

Erwin Palnstorfer wurde 1960 in Wels geboren. Nachdem er den Naturwissenschaften eine Absage erteilt hatte, konzentrierte er sich auf den handwerklichen und spirituellen Bereich, machte eine Tischlerlehre und eine sozialpädagogische Ausbildung. Er arbeitete als Sozialpädagoge, Baumwart, Baumpfleger, Baumkontrolleur und Waldpädagoge. Nach und nach wurde das Thema Holz immer mehr zu seinem Lebensmittelpunkt, erst in lebloser, dann in lebendiger Form. Er interessiert sich für das Studium der Bäume, hält sich gerne in der Natur auf und fährt viel Rad. Ihm ist ein natürliches, ressourcenbewusstes Leben sehr wichtig, ebenso der Kontakt mit anderen Menschen.
Bisher veröffentlichte er „Der Obstbaumschnitt" im Servus-Verlag.